*Aspectos do novo
radicalismo de direita*

FUNDAÇÃO EDITORA DA UNESP

Presidente do Conselho Curador
Mário Sérgio Vasconcelos

Diretor-Presidente
Jézio Hernani Bomfim Gutierre

Superintendente Administrativo e Financeiro
William de Souza Agostinho

Conselho Editorial Acadêmico
Danilo Rothberg
Luis Fernando Ayerbe
Marcelo Takeshi Yamashita
Maria Cristina Pereira Lima
Milton Terumitsu Sogabe
Newton La Scala Júnior
Pedro Angelo Pagni
Renata Junqueira de Souza
Sandra Aparecida Ferreira
Valéria dos Santos Guimarães

Editores-Adjuntos
Anderson Nobara
Leandro Rodrigues

THEODOR W. ADORNO

Aspectos do novo radicalismo de direita

Conferência

Tradução
Felipe Catalani

© 2019 Suhrkamp Verlag Berlin
© 2020 Editora Unesp
Título original: *Aspekte des neuen Rechtsradikalismus – Ein Vortrag*

Direitos de publicação reservados à:
Fundação Editora da Unesp (FEU)
Praça da Sé, 108
01001-900 – São Paulo – SP
Tel.: (0xx11) 3242-7171
Fax: (0xx11) 3242-7172
www.editoraunesp.com.br
www.livrariaunesp.com.br
atendimento.editora@unesp.br

Dados Internacionais de Catalogação na Publicação (CIP)
de acordo com ISBD
Elaborado por Vagner Rodolfo da Silva – CRB-8/9410

A241a
Adorno, Theodor W.
    Aspectos do novo radicalismo de direita / Theodor W. Adorno; traduzido por Felipe Catalani. – São Paulo: Editora Unesp, 2020.

    Tradução de: *Aspekte des neuen Rechtsradikalismus – Ein Vortrag*
    Inclui bibliografia.
    ISBN: 978-65-5711-008-9

    1. Ciências políticas. 2. Direita. 3. Radicalismo. 4. Theodor W. Adorno. 5. Filosofia. I. Catalani, Felipe. II. Título.

2020-2669   CDD 320
                                                                                CDU 32

Editora afiliada:

Asociación de Editoriales Universitarias
de América Latina y el Caribe

Associação Brasileira de
Editoras Universitárias

Sumário

Introdução à Coleção . *7*

Apresentação à edição brasileira: Depois da meia-noite no século: Adorno e as análises do fascismo . *11*

Aspectos do novo radicalismo de direita

Nota editorial . *79*

Posfácio à edição alemã . *81*

Introdução à Coleção

Figura maior no panorama filosófico do século XX, Theodor W. Adorno foi responsável por uma experiência intelectual gerada pela confrontação incessante da filosofia com o "campo da empíria", em especial a Teoria Social, a Crítica Literária, a Estética Musical e a Psicologia. Nessa desconsideração soberana pelas fronteiras intelectuais, estava em jogo a constituição de um conceito renovado de reflexão filosófica que visava livrá-la da condição de discurso que se restringe à tematização insular de seus próprios textos. Sempre fiel a um programa que traçou para si mesmo já em 1931, quando assumira a cadeira de professor de Filosofia da Universidade de Frankfurt, Adorno construirá uma obra capaz de realizar a constatação de que: "plenitude material e concreção dos problemas é algo que a Filosofia só pode alcançar a partir do estado contemporâneo das ciências particulares. Por sua vez, a Filosofia não poderia elevar-se acima das ciências particulares para tomar delas os resultados como algo pronto e meditar sobre eles a uma distância mais segura. Os problemas filosóficos encontram-se contínua e, em certo sentido, indissoluvelmente presentes nas questões mais determinadas das ciências particulares".¹ Essa característica interdisciplinar do pensamento adorniano permitiu que seus leitores desenvolvessem pesquisas em campos distintos de saberes, colaborando com isso para a transformação da Teoria Crítica em base maior para a reflexão sobre a contemporaneidade e seus desafios. Uma transformação que influenciou de maneira decisiva a constituição de tradições de pesquisa no Brasil, a partir sobretudo da década de 1960.

No entanto, o conjunto limitado de traduções das obras de Adorno, assim como a inexistência de uma padronização capaz de fornecer aparatos críticos indispensáveis para textos dessa complexidade, fez que várias facetas e momentos do pensamento adorniano ficassem distantes do público leitor brasileiro. Foi o desejo de suprir tal lacuna que nos levou a organizar esta Coleção.

A Coleção editará os trabalhos mais importantes de Theodor Adorno ainda não publicados em português, assim como algumas novas traduções que se mostraram necessárias tendo em vista padrões atuais de edição de textos acadêmicos. Todos os seus volumes serão submetidos aos mesmos critérios editoriais. Registrarão sempre a página original da edição canônica das *Gesammelte Schriften* e dos *Nachlaß*, indicada por duas barras verticais inclinadas (//) no texto. Serão sempre acompanhados por uma Introdução, escrita por especialistas brasileiros ou estrangeiros. Tal Introdução tem por função contextualizar a importância da obra em questão no interior da experiência intelectual adorniana, atualizar os debates dos quais esta fazia

---

1 T. W. Adorno, Die Aktualität der Philosophie. In: *Gesammelte Schriften I*, Frankfurt a. M.: Suhrkamp, 1973, p.333-4.

parte, assim como expor os desdobramentos e as influências da referida obra no cenário intelectual do século XX. Ao final, o leitor encontrará sempre um índice onomástico. Em todos os volumes serão inseridas apenas notas de contextualização, evitando-se ao máximo a introdução de notas de comentário e explicação. Trata-se de uma convenção que se impõe devido à recusa em interferir no texto adorniano e em projetar chaves de interpretação.

Há quatro coletâneas exclusivas desta Coleção. Duas seguem a orientação temática das *Gesammelte Schriften*: *Escritos sobre música* e *Escritos sobre sociologia*. Nesses dois casos, os critérios de escolha dos textos foram: importância no interior da obra adorniana ou ineditismo de abordagem (assuntos relevantes, porém pouco abordados em outros textos).

As duas outras coletâneas, *Indústria cultural* e *Ensaios sobre psicologia social e psicanálise*, justificam-se em virtude de algumas especificidades da recepção brasileira da obra de Theodor Adorno. Sabemos que um dos públicos mais importantes de leitores universitários de Adorno encontra-se em faculdades de Comunicação e pós-graduações de Estudos de Mídia. Por isso, a edição de uma coletânea com alguns textos fundamentais sobre indústria cultural e cultura de massa visa, sobretudo, a alimentar o debate que ali se desenvolve. Isso também vale para outro importante público-leitor de Adorno no Brasil: os pesquisadores de Psicologia Social e Psicanálise.

Se a dialética pode ser pensada como a capacidade de insuflar vida no pensamento coagulado, então uma abordagem dialética do legado de Adorno não pode abrir mão dessa perspectiva crítica, como já sugeria o Prefácio de 1969 à segunda edição da *Dialética do esclarecimento*, obra escrita em parceria com

Max Horkheimer: "não nos agarramos a tudo o que está dito no livro. Isso seria incompatível com uma teoria que atribui à verdade um núcleo temporal, em vez de opô-la ao movimento histórico como algo de imutável". Pensar o atual teor de verdade do pensamento de Adorno significa, portanto, a dupla tarefa de repensá-lo em face dos dilemas do mundo contemporâneo e refletir sobre o quanto esses dilemas podem ser iluminados sob o prisma de suas obras.

Comissão Editorial

Eduardo Socha
Jorge de Almeida
Ricardo Barbosa
Rodrigo Duarte
Vladimir Safatle

Apresentação à edição brasileira
Depois da meia-noite no século: Adorno e as análises do fascismo

"Quem não quer falar do capitalismo deveria calar-se sobre o fascismo"[1] – essa célebre frase do ensaio *Os judeus e a Europa*, de Max Horkheimer, redigido durante a guerra e em tom de manifesto, deve ser seriamente considerada. O tom seco e agressivo, em um contexto em que se desenhava o destino dos judeus para serem amontoados nas ferrovias europeias e abatidos como animais nos campos de concentração nazistas, tinha algo quase descabido. Porém, tratava-se de uma afronta direta a seus companheiros de exílio: "é como se os intelectuais refugiados tivessem sido privados não somente de seus direitos civis, mas também de seu entendimento".[2] O clima era de um "neo-humanismo", que suspirava pela civilização europeia e sua herança cultural, agora feita refém nas mãos da barbárie

---

[1] Max Horkheimer, Die Juden und Europa, em Dubiel; Söllner (orgs.), *Horkheimer, Pollock, Neumann, Kirchheimer, Gurland, Marcuse: Wirtschaft, Recht und Staat im Nationalsozialismus. Analysen des Instituts für Sozialforschung 1939-1942*, p.33.

[2] Ibidem.

fascista – ou então meditava-se sobre a "natureza humana" e sua "vocação para o mal". A agressividade estilística de Horkheimer traduzia-se como um "*calem a boca*" dirigido aos apelos sentimentais à ideia de humanidade – afinal, para os frankfurtianos, a frieza crítica era mais solidária que a compassiva "doutrina dos lacaios morais da burguesia".[3] O que nos interessa aqui, entretanto, é a elaboração desse *vínculo entre fascismo e capitalismo* que orienta o horizonte de análise do fascismo no interior da teoria crítica frankfurtiana e se exprime também nessa conferência de Adorno.

A elaboração desse vínculo é tudo menos simples, pois tampouco era o caso de afirmar banalidades como a ideia de que Hitler era, no fundo, apenas uma marionete comandada pelas classes dominantes – embora a adesão dos industriais alemães tenha sido historicamente decisiva para a consolidação do nazismo. No cerne dessa elaboração está a interpretação do fascismo como algo intrínseco ao processo social e histórico da modernidade, e não como algo estranho a ele. O fascismo não foi um mero desastre histórico, um acidente de percurso: ele não "surgiu do acaso".[4] Pelo contrário, ele é, na afirmação enfática de Horkheimer, "a verdade da sociedade moderna".[5] Destino inexorável, portanto? Não exatamente – pois, se a teoria explica o "destino" (o nexo causal da história e de sua *fatalidade*), a política deve agir contra tal destino, enquanto *ruptura*, portanto (como costuma dizer Mario Tronti, na esteira de Walter Benjamin, *a*

---

3 Theodor Adorno; Max Horkheimer, *Dialética do esclarecimento*. Rio de Janeiro: Jorge Zahar, 1985, p.112.
4 Horkheimer, op. cit., p.50.
5 Ibidem, p.34.

história é inimiga dos trabalhadores). A intuição de que o fascismo revelava uma verdade maior da história moderna e das tendências imanentes ao desenvolvimento capitalista era amplamente compartilhada pelos frankfurtianos e marca a obra de Adorno como um todo. As reflexões adornianas sobre a natureza do fascismo vão além de seus estudos sociológicos e de psicologia social sobre a personalidade autoritária e os truques da propaganda fascista – também uma leitura apressada desses escritos pode levar a uma compreensão equivocada. Afinal, como afirma Adorno diversas vezes, o fascismo não tem *causas* psicológicas[6] – embora as análises sociopsicológicas sejam imprescindíveis para a compreensão dos mecanismos da propaganda e da adesão a movimentos fascistas, que opera uma lógica de identificação. De todo modo, não seria um exagero dizer que, em toda a obra de Adorno, de *Minima moralia* a *Dialética negativa* e passando por *Teoria estética*, não há um pensamento, um conceito sequer que não tenha a marca da experiência histórica do fascismo: seja em suas elaborações sobre a moral, sobre a história e mesmo sobre a metafísica (a própria noção de *transcendência*, segundo ele, ha-

---

6 O que é afirmado nessa palestra, mas também em Adorno, "Teoria freudiana e o padrão da propaganda fascista", em *Ensaios sobre psicologia social e psicanálise*, São Paulo: Editora Unesp, 2015, p.185-6; e "Studies in the Authoritarian Personality", em *Soziologische Schriften*, II.1, Frankfurt am Main: Suhrkamp, 2003, p.465. Também em Leo Löwenthal; Norbert Guterman, *Prophets of Deceit: A Study of the Techniques of the American Agitator*, York: Harper & Brothers, 1949 p.xi. De todo modo, embora Adorno não seguisse os mesmos passos metodológicos da sociologia clássica francesa, já Durkheim alertava que, "todas as vezes que um fenômeno social é diretamente explicado por um fenômeno psíquico, podemos estar seguros de que a explicação é falsa" (Émile Durkheim, *Les Règles de la méthode sociologique*, Paris: PUF, 1937, p.103).

via sido alterada).⁷ Afinal, como escreve Jean Améry, refletindo sobre a experiência dos intelectuais no campo de concentração, reconhecer essa mutação no mundo "não exigia nenhuma análise semântica, nenhuma sintaxe lógica: bastava olhar para a torre de vigilância ou sentir o cheiro de gordura queimada que vinha do crematório".⁸

I. O Terceiro Reich na história do capital

Quando se evoca o problema da *repetição* das catástrofes históricas (e isso é o que está em questão quando Adorno faz soar o alarme do "novo radicalismo de direita", e que soa de forma ensurdecedora no nosso presente), deve-se saber o que, exatamente, é o fantasma desse retorno. Pois o Terceiro Reich, enquanto tal, por uma série de conjunturas históricas, é irrepetível. É sobretudo o modo como ele se insere na história do capitalismo que o distingue estruturalmente de toda experiência daquilo que possa vir a ser chamado no contexto contemporâneo de "neofascismo". Se a nova direita hoje no poder reproduz uma *lógica social do colapso*, na qual não se age politicamente com uma lógica projetiva em relação ao futuro, o nazifascismo possuía uma lógica ascensional, expansionista – a promessa de Hitler era a de que o Terceiro Reich iria durar mil anos.

---

7 "O conceito de metafísica transformou-se em seu íntimo". Adorno, *Metaphysik: Begriff und Probleme*, Frankfurt am Main: Suhrkamp, 2006, p.160. Nesse curso, que é uma preparação do último "modelo" da parte final da *Dialética negativa*, Adorno revela conhecer a obra de Améry.

8 Jean Améry, Na fronteira do espírito, em *Além de crime e castigo: tentativas de superação*. Rio de Janeiro: Contraponto, 2013, p.50-1.

Aspectos do novo radicalismo de direita

Apesar de certas leituras que enfatizam o caráter atrasado da Alemanha, o hitlerismo não foi um retorno do arcaico e de estruturas pré-modernas; ele foi, de certo modo, a revolução burguesa da Alemanha: "A máquina mortal nacional-socialista [...] era hipermoderna e orientada para o futuro".[9] Tratava-se de um *boom* industrializador visando compensar a precária situação econômica alemã que se estendia desde o final da Primeira Guerra Mundial e que se intensificou com o *crash* de 1929. Isso foi enfatizado por Herbert Marcuse em um texto dos anos 1940 intitulado "Estado e indivíduo sob o nacional-socialismo", em que ele defendia que "o nacional-socialismo não [foi] uma *restauração* social e política [...]. O Estado nacional-socialista tem pouco em comum com a estrutura política do antigo *Reich*".[10] Tratava-se, portanto, de compreender a lógica imperial do Terceiro Reich menos como a expressão de uma megalomania gananciosa de um indivíduo "sem no-

---

9 Robert Kurz, *A democracia devora seus filhos*. Rio de Janeiro: Editora Consequência, 2020, p. 39.

10 Marcuse, State and Individual under National Socialism, em *Technology, War and Fascism*, Londres: Taylor & Francis, 2004, p. 69. Esse texto de Marcuse não deixa de ser uma intervenção no debate frankfurtiano entre Friedrich Pollock e Franz Neumann, sendo sua própria posição mais próxima de Neumann. Os textos mais relevantes de Pollock sobre esse debate encontram-se traduzidos em Pollock, *Crise e transformação estrutural do capitalismo: artigos na Revista do Instituto de Pesquisa Social, 1932-1941*. Org. Amaro Fleck; Luiz P. de Caux. Florianópolis: Nefipo, 2019. Disponível em: <http://www.nefipo.ufsc.br/files/2019/09/Crise-e-transforma%C3%A7%C3%A3o-Friedrich-Pollock.pdf>. Acesso em: 1º out. 2020. Ver também Neumann, *Behemoth: The Structure and Practice of National Socialism, 1933-1944* (Chicago: Ivan R. Dee, 2009) e Alfred Sohn-Rethel, *The Economy and Class Structure of German Fascism*. Londres: Free Association Books, 1987.

ção de limites", e mais como algo que se enraizava na lógica social subjacente do capital. Afinal, o impulso destruidor de limites é a própria alma do mecanismo de valorização do valor. Ao contrário da utopia liberal do *doux commerce*, buscava-se enxergar o vínculo necessário entre violência econômica e violência extraeconômica: "A expansão industrial e, com ela, a ordem social baseada nessa expansão poderia ser mantida somente por meio da transformação do Estado democrático em um sistema político autoritário".[11] Tal conclusão confirmava-se no próprio discurso dos nazistas: "Hitler e seus porta-vozes oficiais têm frequentemente expressado a opinião de que consideram o Estado apenas como parte de um esquema muito mais abrangente [...], eles têm afirmado que esse esquema é estabelecido e determinado pelas necessidades em expansão do capitalismo alemão".[12]

Em um discurso de 1932, diante do Clube da Indústria em Düsseldorf, Hitler defende ser necessário "aumentar a pro-

---

11 Marcuse, op. cit., p.72. O debate em torno da interpretação do nacional-socialismo e de sua estrutura econômica muitas vezes rodava em torno do *sentido* da violência. A tese de Pollock a respeito do "capitalismo de Estado" significava que "o açoite do desemprego é substituído pelo terror político" (Pollock, Capitalismo de Estado: suas possibilidades e limitações, em op. cit., p.101), isto é, basicamente, que a dominação impessoal (econômica) havia sido substituída pela dominação pessoal direta (política). A interpretação era certamente equivocada (Adorno nunca chegou a aderir totalmente à leitura pollockiana, que no limite comprometia a própria ideia de contradição e de dialética): trata-se antes de constatar que essa violência imediata política não *substitui* a violência impessoal do valor (fundamento do capital), mas é antes inseparável desta, algo cujo sentido é dado por esse momento histórico do capitalismo na Alemanha.

12 Marcuse, op. cit., p.72.

dução ao seu nível mais alto possível" e que o funcionamento do aparato econômico não pode mais ser garantido por "resoluções econômicas voluntárias, mas somente por decisões políticas [...]". Decidido a conquistar os aliados imprescindíveis para seus objetivos, ele lhes fala que "a posição de poder é também a condição para a melhoria da situação econômica".[13] A posição de Hitler aqui coincide em larga medida com a de Carl Schmitt, que faz a célebre palestra intitulada "Estado forte e economia saudável", também para os industriais alemães em 1932 (nesse caso, para a Langnam-Verein, "União do Nome Longo", como ficou conhecida devido a seu nome longo demais para ser decorado e que em 1924 já tinha recebido figuras famigeradas como Oswald Spengler). É importante lembrar que a essa altura, após a grande crise de 1929, a doutrina do velho liberalismo do *laissez-faire* e do automatismo de mercado estava perdendo sua legitimidade, pois a lei do mercado não funcionaria inevitavelmente como a lei da gravidade. Era consenso, também para os liberais (que já vinham forjando o que viria a ser o "novo liberalismo"), que, para garantir o funcionamento da lei de mercado tal como uma lei da natureza, era necessária uma enorme dose de artifício (precisamente, a coerção política direta). Carl Schmitt, por sua vez, aproxima-se da doutrina de Alexander Rüstow, que havia feito ele mesmo uma conferência dois meses antes intitulada "Economia livre, Estado forte", e que aparece posteriormente no Colóquio Walter Lippmann[14] em 1938 como um dos teori-

---

13 Hitler, My New Order apud Marcuse, op. cit., p.74.
14 Sobre o Colóquio Walter Lippmann, ver Pierre Dardot; Christian Laval, *A nova razão do mundo*. São Paulo: Boitempo, 2016.

zadores desse outro liberalismo em vias de ser conceituado. A conferência de Schmitt não deixa de impressionar por sintetizar de forma bastante precisa a dialética entre o econômico e o extraeconômico, afirmando que "somente um Estado forte pode despolitizar".[15] Portanto, aquilo que atende pelo nome de "Estado totalitário" não era um simples antípoda do Estado liberal, que operaria como um Estado onipresente sujeitando toda a sociedade, em todas suas esferas, a um controle centralizado e racionalizado. Tratava-se de medir a força desse novo "Estado forte" não de acordo com a *extensão*, mas com a *intensidade* de sua ação.[16]

---

15 Schmitt, Starker Staat und gesunde Wirtschaft, em *Staat, Großraum, Nomos: Arbeiten aus den Jahren 1916-1969*, Berlim: Duncker & Humblot, 1995, p.81.

16 Essa concepção aparece de forma bastante clara nas palavras de Wilhelm Röpke, que também participa do Colóquio Walter Lippmann e que, mais tarde, junto com Hayek, Friedman, Mises, entre outros, será cofundador da Sociedade de Mont-Pèlerin. Em uma carta de 1938 (portanto do mesmo ano do Colóquio Walter Lippmann), Röpke escreve: "É possível que na minha opinião a respeito de um 'Estado forte' (um governo que governa) eu seja mesmo 'mais fascista' que o senhor, porque eu gostaria verdadeiramente de ver todas as decisões de política econômica concentradas nas mãos de um Estado vigoroso e plenamente independente, que não fosse enfraquecido pelas autoridades pluralistas de natureza corporatista... eu procuro a força do Estado na intensidade, e não na extensão, de sua política econômica. Como a estrutura constitucional jurídica de um tal Estado deveria ser designada é uma questão para a qual eu não posso oferecer uma breve receita. Eu compartilho sua opinião de que as velhas fórmulas da democracia parlamentar demonstraram sua inutilidade. As pessoas devem se habituar ao fato de que há também uma democracia presidencial, autoritária, sim e mesmo – *horribile dictum* – uma democracia ditatorial". (A referência dessa carta foi dada por Pierre Dardot em uma conferência no

Aspectos do novo radicalismo de direita

A persistência da lógica da acumulação de valor na Alemanha nazista não ocorria sob uma economia estatizada (como na União Soviética), visto que setores significativos dos meios de produção permaneceram sob controle privado. Após a dissolução dos sindicatos, Robert Ley, chefe da Frente Alemã para o Trabalho (Deutsche Arbeitsfront, que havia substituído todos os sindicatos após 1933 e que cimentava a conciliação de classes sob Hitler ao formar o que chamavam de "comunidade do trabalho" [*Arbeitsgemeinschaft*]), promete conceder "autoridade absoluta ao dirigente natural da fábrica, quer dizer, ao patrão", e que os patrões "vão ser agora de novo o 'dono da casa'".[17] Os plenos poderes patronais indicam, portanto, menos um processo de racionalização econômica total e sem frestas do que uma *gangsterização* da economia, vinculada também ao poder paralelo exercido pelas milícias fascistas — algo observado de forma intensa na Itália, onde o *squadrismo* foi responsável por aniquilar todo o aparato dos comunistas e do movimento operário, abrindo o caminho para a ascensão de Mussolini.[18] Com o patronato mafializado, garantia-se ao mesmo tempo a disciplina da força de trabalho e combatia-se, com meios extralegais, toda possibilidade de sublevação.[19] Portanto, a ditadura não iria abo-

---

colóquio La Crise de la Démocratie et le Néolibéralisme à la Lumière de la Situation Brésilienne, realizado em março de 2019, em Paris.)

17 Citado em João Bernardo, *Labirintos do fascismo: na encruzilhada da revolta e da ordem (versão ampliada)*. Edição do Autor, 2015, p.43.

18 Sobre o assunto, ver, por exemplo, Franzinelli, *Squadristi: Protagonisti e tecniche della violenza fascista 1919-1922*, Milão: Mondadori, 2003; e De Felice, *Mussolini il fascista*, v.II: *L'organizzazione dello Stato fascista 1925-1929*. Turim: Einaudi, 1968.

19 Ao descrever historicamente a "ligação das milícias patronais ao sindicalismo, que constituiu uma das bases dos movimentos fascistas",

lir a "anarquia da produção de mercadorias" (Marx), mas garanti-la. Na contramão da interpretação de Pollock, para quem o advento da ideia de "capitalismo de Estado" e do diagnóstico do fim da era liberal do capitalismo representaria a passagem do primado da economia para o primado da política, Neumann analisava que "a competição, e mesmo a competição selvagem [*cut-throat*], continua funcionando. [...] A iniciativa empresarial não está morta; ela é vital como antes e talvez agora ainda mais. [...] O poder motivante da expansão é o lucro. A estrutura da economia alemã é a de uma economia completamente monopolizada e cartelizada".[20] Tratava-se então de compreender o fascismo como a "organização terrorista das contradições do capitalismo",[21] e não a suspensão dessas contradições.

João Bernardo observa que esse fenômeno atingiu enorme amplitude também nos Estados Unidos: "Completou-se assim nos Estados Unidos a relação das milícias de pistoleiros com o sindicalismo de inspiração patronal. Na década de 1930 existiam nesse país mais de duzentas agências especializadas em espionagem no interior das empresas, com 40.000 a 50.000 funcionários, dedicando-se a uma actividade que passara a ser normalmente aceite como parte integrante da disciplina fabril". A violência gerencial da disciplina do trabalho se estabelecia portanto de forma relativamente independente do poder estatal centralizado (embora em grande parte dos casos a relação entre as milícias e o Estado seja completamente permeável, como é notável no caso italiano, por exemplo): "Como a vigilância dissimulada se fazia acompanhar pela acção truculenta, as grandes empresas adquiriam gás lacrimogéneo, com o respectivo equipamento, em quantidade muito superior à adquirida pela polícia oficial. [...] só a Republic Steel Corp. comprara quatro vezes mais gás lacrimogéneo do que o maior comprador entre as forças repressivas públicas" (Bernardo, op. cit., p.58-9).
20 Neumann, op. cit., p.292.
21 Marcuse, *Counterrevolution and Revolt*, Boston: Beacon Press, 1972, p.28.

Aspectos do novo radicalismo de direita

Vale lembrar que, no entanto, Pollock não estava absolutamente sozinho em sua leitura de que a lei do valor (e seu caráter contraditório com potencial de crise) havia sido suspensa com a "abolição da circulação" e a política de preços,[22] pois não eram poucos os autores que à época lançaram a hipótese de que o capitalismo teria acabado sob o nacional-socialismo.[23] No entanto, a violência e a força não devem ser compreendidas como *anulação* (ou substituição) do princípio mercantil. Nos termos de Schmitt, para garantir que a "esfera da economia livre" pudesse funcionar "não politicamente", era necessária uma enérgica intervenção política: "O ato da despolitização é, de um modo especialmente intensivo, justamente, um ato político".[24]

Um dos "truques" ideológicos denunciados aqui por Adorno, que aparecia como relativização do passado nazista, consiste na separação do "lado bom" da prosperidade econômica sob Hitler e de todos os acontecimentos seguintes, em comentários como: "*Antes de ele ter feito aquela guerra idiota, estava bastante bom para a gente com Hitler*". Ao que Adorno responde que "toda essa conjuntura entre 1933 e 1939 só foi possível por meio da frenética economia de guerra, da preparação para a guerra".[25] Afinal, a

---

22 Contra essa concepção, afirma Neumann: "Controle de preços não nega o motivo de lucro, mas antes o intensifica" (Neumann, op. cit., p.315).
23 Alguns títulos do período aos quais Neumann se refere são *The Economics of Force* (1940), de Frank Munk, *The End of the Economic Man* (1939), de Peter Drucker, "The End of Capitalism in Germany" (1941), de Dwight MacDonald, entre outros. É nesse contexto que ele escreve que "há uma tendência crescente de negar o caráter capitalista do nacional-socialismo" (Neumann, op. cit., p.222).
24 Schmitt, op. cit., p.81.
25 Adorno, *Aspectos do novo radicalismo de direita*, p.65.

Alemanha nazista modernizou-se para fazer uma guerra ou fez uma guerra para modernizar-se? A questão é falsa na medida em que a resposta ficaria na dimensão subjetiva de uma "intenção". Importa é que os dois momentos não são simplesmente coincidentes, no sentido de que se poderia separar um do outro (como naquele "truque" falacioso), mas são interdependentes e fazem parte do mesmo processo. O próprio Robert Ley escreve: "A economia capitalista havia atingido uma barreira que não poderia ter sido superada com seus próprios meios. [...] Então o nacional-socialismo aventurou-se na tentativa bem-sucedida de abrir novos caminhos para uma economia frustrada e que tinha atingido os limites de seu próprio poder".[26] Desprovida de colônias desde o fim da Primeira Guerra Mundial (diferentemente das outras potências europeias concorrentes), a Alemanha precisava *desenvolver-se*. Desenvolvimento é projeção de poder e o expansionismo territorial surge aqui como sendo inerente ao processo de acumulação capitalista, cuja contradição é tanto seu motor quanto aquilo que o condena.

Para compreender a energia política que sustentou o nazismo, é necessário considerar a mobilização de uma força antissistêmica para a reafirmação da ordem que ocorre de forma particular no antissemitismo moderno.[27] De forma distinta do secular antissemitismo cristão, o antissemitismo moderno, que é pouco explicado caso ele seja simplesmente subsumido a um conceito mais genérico de racismo, opera como uma crítica primitiva do mundo, distinguindo "capital produtivo" (*schaffendes*

---
26 Apud Marcuse, op. cit., p.74.
27 Postone, Antissemitismo e nacional-socialismo, *Revista Sinal de Menos*, n.8, p.14-28, 2012.

Kapital), ao qual se vincula o lado positivo concreto, e "capital rapinante" (*raffendes Kapital*), que seria o momento "negativo" e abstrato do capital (o próprio NSDAP utilizava esses termos em seu combate à "servidão aos juros" [*Zinsknechtschaft*]). Portanto, haveria ao mesmo tempo certa pretensão "anticapitalista" no ódio antissemita, como um ódio aos "dominantes", que personificam o abstrato a parasitar o concreto, o trabalho produtivo. "O antissemitismo é o socialismo dos tolos", na célebre frase atribuída a August Bebel. Nesse sentido, *o antissemita é o "revoltado na ordem" por excelência*, cujo modelo de explicação do mundo é, em regra, a teoria da conspiração. Mas a conspiração é, nos termos de Fredric Jameson, "a totalidade social como complô", ou seja, *os inimigos agem sobre a vítima sem mediação da forma social*.[28]

Compõem o mesmo nexo ideológico esse "anticapitalismo" antissemita (contra o "capital financeiro parasita dos bancos", que seria o "capital judaico") e a apologia do capitalismo produtivo industrial. Como diz Franz Neumann, atacava-se a "supremacia do capital monetário", ao mesmo tempo que "homens como Alfred Krupp, Mannesmann, Werner Siemens [...]

---

28 Jameson, *The Geopolitical Aesthetic: Cinema and Space in the World System*. No livro *Prophets of Deceit*, que fez parte do grande projeto de pesquisa sobre o preconceito (no qual se inclui também o estudo sobre a personalidade autoritária feito por Adorno junto com outros pesquisadores), Leo Löwenthal e Norbert Guterman distinguem os apelos do agitador fascista e do revolucionário nos seguintes termos: "O inimigo é representado como agindo, por assim dizer, diretamente sobre suas vítimas sem o intermediário da forma social, tal como o capitalismo é definido na teoria socialista. [...] Ao contrário do reformador ou do revolucionário, o agitador não faz nenhum esforço para rastrear a insatisfação social até uma causa claramente definida" (Löwenthal; Guterman, op. cit., p.7).

receberam comentários laudatórios".[29] Afinal, como escreve Wilfrid Bade (então funcionário de Goebbels) em um texto intitulado "O *Führer* e o automóvel", louvável era o grande objetivo de "*motorizar a Alemanha*".[30] "*L'automobile c'est la guerre*": assim sintetizava Walter Benjamin.[31] Em *Mein Kampf*, Hitler elogia Henry Ford, dizendo que os judeus eram "os mestres controladores dos produtores em uma nação de 120 milhões de pessoas; somente um único grande homem, Ford, para a fúria deles, ainda mantém completa independência".[32] Lembremos que, paralelamente a suas atividades de industrial, Ford fora um influente antissemita nos EUA, tendo publicado nos anos 1920 a série de livretos *The International Jew*. Escrevia Ford em 1922: "A solução da questão judaica é em primeiro lugar um problema dos judeus; caso eles não a resolvam, então o mundo irá solucioná-la".[33]

Na margem colonial do mundo, o expansionismo do capital já havia dado início à experiência concentracional moderna com

---

29 Neumann, op. cit., p.229.
30 Citado em Rabinbach (ed.), *The Third Reich Sourcebook*. Berkeley: University of California Press, 2013.
31 Walter Benjamin, "Teorias do fascismo alemão". Em *O anjo da história*. Belo Horizonte: Autêntica Editora, 2015.
32 Hitler, *Mein Kampf* apud Rabinbach, op. cit.
33 Henry Ford, *Der internationale Jude*, Leipzig: Hammer, 1922, p.152 apud Robert Kurz, *Schwarzbuch Kapitalismus*, Frankfurt am Main: Eichborn, 2009, p.503. Esse vínculo entre antissemitismo, ideologia do trabalho e processo de industrialização não é de todo casual – afinal, também no Brasil, como revela a historiadora Maria Luiza Tucci Carneiro, o antissemitismo andou junto com a modernização na Era Vargas. Cf: *O anti-semitismo na Era Vargas: fantasmas de uma geração*. São Paulo: Brasiliense, 1988.

a invenção dos *"campos de concentración"*, que, como indicam historiadores, foi um termo forjado por um general espanhol na Cuba do fim do século XIX para administrar uma população em revolta. Também o poder colonial britânico já havia criado *"concentration camps"* no contexto da Segunda Guerra dos Bôeres. Se Carl Schmitt tem razão em dizer que a tese hegeliana sobre a interversão (o *"Umschlag"*) da quantidade em qualidade só pode ser compreendida como um "pensamento político",[34] então o *Lager* alemão, enquanto intensificação de uma prática preexistente, deve ser compreendido não como mera continuidade daquilo que já existia na colônia. Apesar da inegável afinidade entre os dois fatos bárbaros (em que a verdade do capital, revelada na periferia, ressurge no centro), trata-se de um evento *qualitativamente* distinto. Afinal, o projeto de extermínio dos judeus não foi uma simples versão industrial do mórbido governo das populações.[35]

Em geral, o racismo funciona ideologicamente como uma projeção de um poder potencial ao outro, um poder "usualmente concreto, material ou sexual",[36] de caráter telúrico e pulsional, por assim dizer. No caso do antissemitismo, projeta-se

---

34 Carl Schmitt, *Der Begriff des Politischen*, Munique: Duncker & Humblot, 1932, p.47.

35 Como diz Postone, "nenhuma explicação funcionalista do Holocausto e nenhuma teoria do antissemitismo como bode expiatório pode sequer começar a explicar o porquê de, nos últimos anos da guerra, quando as forças alemãs estavam sendo esmagadas pelo Exército Vermelho, uma proporção significativa de veículos ter sido desviada do apoio logístico e utilizada para transportar os judeus para as câmaras de gás". Postone, op. cit., p.16.

36 Ibidem, p.17.

um poder vinculado não a um corpo, mas a uma alma maligna. Devido a esse aspecto, o antissemitismo assume a forma de um "ódio aos de cima" como uma revolta do "concreto" contra o "abstrato" (daí também a peculiar combinação entre ódio a judeus, a banqueiros, a intelectuais e a conspiradores revolucionários, que vem desde a antiga projeção de uma união entre bolcheviques, judeus e financistas). Enquanto na colônia o negro escravizado era reduzido a um corpo sem alma, ao concreto da força de trabalho em estado puro, o judeu, sendo o negativo do "sangue e solo" e da pseudoconcretude nazistas, é a própria *personificação do abstrato do valor*. O resultado da monstruosa tentativa do capitalismo de expurgar seu próprio lado abstrato foi a "fábrica negativa"[37] Auschwitz:

> Uma fábrica capitalista é o local onde é produzido o valor, algo que "infelizmente" tem de assumir a forma de uma produção de bens, de valores de uso. O concreto é produzido enquanto suporte necessário do abstrato. Os campos de extermínio não eram uma versão terrível dessa fábrica, mas, ao invés, devem ser vistos como a sua negação grotesca, Ariana, "anticapitalista". Auschwitz era uma fábrica para "destruir o valor", isto é, para destruir as personificações do abstrato. A sua organização correspondia a um processo industrial demoníaco [*fiendish*], cujo objectivo era "libertar" o concreto do abstrato. O primeiro passo consistiu em desumanizar, ou seja, arrancar a "máscara" de humanidade, de especificidade qualitativa, e revelar os judeus como aquilo que "realmente são" – sombras, cifras, abstrações numéricas. O segundo passo consistiu em erradicar essa abstração, transformá-la em cinzas, procurando

---

37 Kurz, *Schwarzbuch Kapitalismus*, op. cit.

Aspectos do novo radicalismo de direita

durante o processo despojá-la dos traços remanescentes do "valor de uso" material concreto: roupas, ouro, cabelo, sabão.[38]

II. Trégua

A teoria crítica frankfurtiana no pós-guerra não deixa de ser uma elaboração sobre um mundo em que, embora o fascismo tenha sido derrotado militarmente, aquilo que o causou permaneceu intacto. "Fala-se de iminente recaída na barbárie. Mas ela não é iminente, uma vez que Auschwitz *foi* a recaída; a barbárie subsistirá enquanto perdurarem, no essencial, as condições que produziram aquela recaída."[39] O mundo do pós-guerra é um mundo em que a catástrofe *já aconteceu*, no qual se vive um estado de suspensão – ou um *prazo*, nos termos de Günther Anders refletindo sobre a era atômica.[40] Um prazo no qual se deve adiar indefinidamente a repetição da catástrofe, cuja possibilidade tornou-se perene – e essa possibilidade permanente do fim definitivo da humanidade caracteriza a normalidade do pós-guerra, que foi, no entanto, "uma época feliz"[41] de neutralização dos conflitos políticos endógenos e de milagre econômico (seguindo o ciclo de acumulação de valor na esteira do

---

38 Postone, op. cit., p.27.
39 Adorno, Educação após Auschwitz, em *Palavras e sinais: modelos críticos* 2, Petrópolis: Vozes, 1995, p.104.
40 Anders, Die Frist, em *Die atomare Drohung*. Munique: Beck, 2003.
41 Müller, Innenansichten des Kalten Krieges: Über ein glückliches Zeitalter, em *Zeitschrift für Ideengeschichte*, v.6, 2012. Aqui, assim como em outros momentos desse texto, estou repetindo alguns argumentos do primeiro capítulo de: Catalani, *Filosofia moral no mundo do pós-guerra: Estudo sobre Adorno*. Dissertação de Mestrado, USP, 2019.

boom fordista). Uma normalidade restaurada a partir dos programas dos aliados de "desnazificação" e de "reeducação", embora o clima da Era Adenauer fosse de "esquecimento e fria enganação":[42] não eram poucos os ex-nazistas que ocupavam posições no governo. Carl Schmitt, que se recusara a fazer o processo de "desnazificação",[43] caracterizado por ele como uma "guerra civil fria", chega a escrever em 1949 um artigo sobre "A anistia ou a força do esquecimento", defendendo o *esquecer* como a mais nobre das faculdades humanas, condição de toda paz, e que, "após o restabelecimento de condições normais, ninguém mais pode ser punido em razão do fato de ter estado do lado errado". A anistia que reconstrói a normalidade e a paz significa então, nos termos de Schmitt, "*a proibição estrita de resolver o passado e de nele buscar ensejo para mais atos de vingança e mais reivindicações de indenização*".[44]

Talvez a melhor elaboração cinematográfica desse "esquecimento e fria enganação" na reconstrução seja o filme *Phoenix* (2014), de Christian Petzold. No caso, o filme retrata o pós-guerra como o *dia seguinte*. Na cena inicial, Nelly, que acabou de sair do campo de concentração e que teve seu rosto destruído em uma tentativa de execução final dos judeus, é levada para casa no carro de sua amiga Lene. A primeira "reconstrução" se dá na operação médica que irá reconstituir o rosto de

---

42 Carta de Adorno a Horkheimer apud Stefan Müller-Doohm, *Adorno, eine Biographie*, Frankfurt am Main: Suhrkamp, 2011, p.499.

43 Jürgen Habermas, Carl Schmitt in der politischen Geistesgeschichte der Bundesrepublik, em *Die Normalität einer Berliner Republik*. Frankfurt am Main: Suhrkamp, 1995.

44 Schmitt, Amnestie oder die Kraft des Vergessens, em *Staat, Großraum, Nomos: Arbeiten aus den Jahren 1916-1969*, op. cit., p.218-9.

Nelly, na verdade dando a ela um *outro* rosto. Após a operação e a remoção dos curativos, sua amiga comenta que ficou boa a *Rekonstruktion* — termo que faz Nelly se contorcer internamente; a amiga pede desculpas pelo automatismo (a palavra havia sido utilizada pelo próprio médico), empregando então um sinônimo que não remeta ao processo social em curso: *Wiederherstellung*. A *Phoenix*, que deve renascer das cinzas, é no filme o nome de um cabaré em meio às ruínas no setor americano da cidade, onde, em clima de festa, canta-se *Berlin im Licht*, de Kurt Weill, e outros temas musicais da utópica cultura berlinense dos anos 1920.[45] No entanto, a música tema do filme, que se repete da primeira à última cena, é uma outra composição de Weill: "Speak Low", que evoca um outro clima em seus versos (*"The curtain descends, ev'rything ends/ Too soon, too soon"*). O esquecimento é no filme o não reconhecimento de Nelly por parte de seu ex-marido Johnny (um alemão não judeu), que agora recusa o apelido e atende pelo nome Johannes. A "fria enganação" está também personificada na própria figura de Johnny e seus planos para acessar a herança da ex-mulher. Diante da condescendência de Nelly com o ex-marido, um provável co-

---

[45] Apesar de cético em relação à posterior fetichização comercial do *glamour* libertário dos anos 1920, Adorno admite: "Apesar disso, há algo de verdadeiro na representação dos anos vinte como o mundo no qual, como é dito em *Mahagonny*, de Brecht, pode-se tudo poder: como uma utopia. Na época, assim como imediatamente após 1945, parecia haver a possibilidade aberta de uma sociedade politicamente liberada" (Adorno, Jene zwanziger Jahre, *Gesammelte Schriften* [*GS*], v.10.2, p.501). Sobre essa breve utopia dos anos 1920, é interessante também a conversa entre Adorno e Lotte Lenya, gravada na rádio de Hessen, em 1960 (disponível em: <https://www.youtube.com/watch?v=x8PnTxZTMsM>).

laboracionista, Lene protesta: "desligam os fornos e já começam a perdoar". Para que a vida siga na volta à normalidade, o esquecimento começa no dia seguinte: ninguém pergunta (e garantem: "ninguém irá perguntar") a Nelly o que aconteceu no campo.

Há um certo lugar-comum no debate das assim chamadas políticas de memória e reparação que consiste na ideia de que a "elaboração do passado" se efetivaria, realmente, como uma espécie de constante lembrança, como se "não esquecer" o ocorrido bastasse para evitar a repetição do horror, o que seria garantido sobretudo com um viés educativo. Adorno interveio com certa frequência nesse debate, apontando ao mesmo tempo o aspecto aporético na tarefa de "re-civilizar" a Alemanha, visto que "se a barbárie está no próprio princípio da civilização, então a luta contra ela tem algo de desesperador".[46] Ainda durante a guerra, Adorno escreve na *Minima moralia* que "o pensamento de que após esta guerra a vida possa prosseguir 'normalmente' ou que a civilização possa ser 'reconstruída' — como se a reconstrução da civilização por si só não fosse a negação desta – é uma idiotice".[47] O que se segue só poderá ser "uma nova qualidade de sociedade", na qual "a barbárie estará perpetuada".[48] A "reconstrução", portanto, irmana-se com a destruição ocorrida. Ideologicamente, ela opera como um gesto de "virar a página", ao mesmo tempo que porta uma ingenuidade (ou cinismo) que se satisfaz com fachadas restauradas, desviando o olhar

---

46 Adorno, Educação após Auschwitz, em *Palavras e sinais: modelos críticos 2*, op. cit., p.105 [trad. modificada].
47 Idem, *Minima moralia: reflexões a partir da vida danificada*. São Paulo: Ática, 1993, p.47.
48 Ibidem.

daquilo e daqueles que não ressuscitarão. Ela se reduz a uma questão contábil ou orçamentária: tudo o que existe (a vida, a sociedade e a própria natureza) torna-se, no mundo onde reina a lógica da equivalência geral, potencialmente *substituível* (passível de reconstrução ou reparação pecuniária). A concepção de que se possa reconstruir é inseparável do sinal verde para destruir. Comentando as notícias dos ataques aéreos, que sempre vinham acompanhadas do nome das empresas fabricantes do aparato militar, Adorno escreve: "Cada menção elogiosa a uma grande firma na destruição das cidades contribuiu para o seu renome, graças ao qual há de conseguir as melhores encomendas por ocasião da reconstrução".[49]

Apesar do conhecido vínculo entre reificação e esquecimento,[50] os limites enfrentados pela "elaboração do passado" não se explicam pela mera incapacidade de lembrança, mas pela persistência no presente da mesma ordem social que outrora causou o fascismo: "A sobrevivência do fascismo e o fracasso da tão falada elaboração do passado, degenerada em sua caricatura, no esquecimento vazio e frio, devem-se à persistência dos pressupostos sociais objetivos que produziram o fascismo. *Isso não pode, essencialmente, ser deduzido de disposições subjetivas*".[51] Adorno mostrava-se cético mesmo diante da possibilidade de uma compensação histórica a ser realizada no âmbito jurídico com suas "batas e os defensores plenos de compreensão", em que "a

---

49 Ibidem, p.45.
50 "Toda reificação é um esquecimento." Adorno; Horkheimer, cit., p.190.
51 Adorno, Was bedeutet: Aufarbeitung der Vergangenheit, em *Kulturkritik und Gesellschaft II*, Frankfurt am Main: Suhrkamp, 1977, p.566-7 [grifo meu].

justiça, de todo modo incapaz de aplicar qualquer sanção que fizesse jus ao crime cometido, é já falsificada".[52] A injustiça se perpetua na farsesca equivalência geral da abstração jurídica, que oculta uma derrota histórica: "se tivéssemos fuzilado sumariamente os encarregados da tortura juntamente com os seus mandantes e os seus protetores extremamente poderosos, isso teria sido mais moral do que abrir um processo para alguns deles".[53] Esse juízo de Adorno não é um mero arroubo jacobino ou desejo de vingança, mas aponta antes para uma *aporia histórica*: "O fundamento histórico da aporia", escreve ele, "é o fato de, na Alemanha, a revolução contra os fascistas ter fracassado ou, muito mais, o fato de não ter havido em 1944 nenhum movimento revolucionário de massas".[54]

III. Antecipação da catástrofe: uma fantasia quase exata

Ao dar essa palestra em 1967 para a União dos Estudantes Socialistas da Áustria, Adorno tem em vista a expressividade eleitoral que começava a ter o NPD, partido neonazi que havia sido fundado em 1964 e que funciona ainda hoje, embora a AfD (*Alternative für Deutschland*) tenha aparecido recentemente como uma força mais presente no campo da extrema direita. Além de analisar os truques psicológicos da propaganda fascista (o que Adorno fez em diversos textos ao longo de sua obra), ele busca enxergar aquilo que está sendo fermentado so-

---

52 Idem, *Dialética negativa*, Rio de Janeiro: Jorge Zahar, 2009, p.239.
53 Ibidem.
54 Ibidem.

Aspectos do novo radicalismo de direita

cialmente e que serve de lastro para esse novo radicalismo de direita. A palestra ministrada por Adorno no dia anterior para o mesmo público, intitulada "Sobre o problema do conflito social hoje" (que é publicada como ensaio, quase inalterada, no ano seguinte e com um título semelhante), nos fornece um diagnóstico complementar.[55]

Impressiona hoje certo teor profético dessas análises de 1967. Em plena Era Dourada do capitalismo pacificado do pós-guerra, cujo potencial de crise parecia ter sido definitivamente eliminado em meio a um estável crescimento econômico e a um equilibrado consenso político entre centro-esquerda e centro-direita, Adorno parece enxergar uma curvatura nessa reta ascendente, antecipando (antes mesmo da explosão de 1968) o que viriam a ser as décadas do "desmoronamento" (nos termos de Hobsbawm) a partir de 1970. Esse potencial explosivo de desintegração em meio a uma forte integração social é visto por ele na forma de uma transfiguração ideológica expressa por essas tendências fascistas. No pesadelo diurno dessa nova direita há um "sentimento de catástrofe social" antecipador, que se traduz, por sua vez, como um "desejo inconsciente do fim do mundo".[56] Essa escatologia à direita, que começa a aparecer no imaginário popular alemão, possui uma estrutura ideológica já observada também no estudo de Löwenthal e Guterman, no

---

55 A palestra, proferida em 5 de abril de 1967, pode ser escutada em: <https://www.mediathek.at/oesterreich-am-wort/aus-aktuellem-anlass/archivaufnahmen-von-und-mit-theodor-w-adorno/>. O texto publicado encontra-se em Adorno, "Anmerkungen zum sozialen Konflikt heute", em *Soziologische Schriften I*. Frankfurt am Main: Suhrkamp, 2003.

56 Adorno, *Aspectos do novo radicalismo de direita*, p.52.

qual os agitadores fascistas são igualmente identificados como "profetas". Eles observaram que o apocalipse anunciado produz um estado de exceção moral, que pode ter também um lado "libertador": "Algo que é temido em um nível da personalidade é muitas vezes desejado em outro. Isto parece ser especialmente verdadeiro para a experiência peculiarmente fascinante da catástrofe. O evangelho da desgraça [*gospel of doom*] alivia o indivíduo da responsabilidade de lutar contra seus problemas; não se pode resistir a um vulcão em erupção".[57] Deveríamos acrescentar: a desgraça anunciada *altera* a forma como o indivíduo enfrenta seus problemas. Porém, é nesse "alívio da responsabilidade" promovido pela inevitabilidade do desastre que o indivíduo não se reconhece mais como um sujeito político. De certo modo, isso é o que aparece posteriormente no diagnóstico de Christopher Lasch sobre o narcisismo na "era das expectativas decrescentes" como um eu sitiado e sua "ética da sobrevivência".[58]

---

57 Löwenthal; Guterman, op. cit., p.37.
58 Lasch não tinha em vista o radicalismo de direita, mas uma lógica sociopsicológica em vias de se generalizar. A personalidade narcísica (por não desenvolver-se necessariamente em termos de um "caráter fascista") pode ser lida como o lado B da personalidade autoritária nesse contexto, onde um certo clima de época apocalíptico é vivido no âmbito psíquico e moral de modo "sobrevivencialista" (não por acaso, o período que Lasch está analisando é a década de 1970): "Uma das razões pelas quais as pessoas não mais se veem como sujeitos de uma narrativa é que elas não mais se veem como sujeitos, de modo algum, mas como vítimas de circunstâncias; e essa sensação de deixar-se guiar por forças externas incontroláveis inspira um outro modo de armamento moral, uma retirada do eu sitiado rumo à personalidade de um observador irônico, separado e confuso" (Lasch, *O mínimo eu: sobrevivência psíquica em tempos difíceis*, São Paulo: Brasiliense, 1986, p.85).

O sobrevivencialista *hard core* que constrói *bunkers*, faz estoques e se arma (se preparando para o apocalipse) se enquadraria naquilo que Adorno chama (tomando o termo dos americanos) de *lunatic fringe*, a "franja de lunáticos". No entanto, e isso é reiterado nessa palestra de 1967, esses lunáticos não são meramente lunáticos. Mesmo no diagnóstico de Lasch, esse sobrevivencialista apocalíptico diz respeito a um "estado de alma" generalizado: "Enquanto o sobrevivencialista de primeira linha faz planos para o desastre, muitos de nós conduzimos as nossas vidas cotidianas como se ele já tivesse ocorrido. [...] Deploramos ou rimos daqueles que se armam contra o apocalipse, mas armamo-nos emocionalmente contra as investidas da vida cotidiana".[59] O que nos interessa, no entanto, é compreender como isso se transforma em um *desejo de apocalipse*, como já assinalado por Löwenthal e Guterman: "o medo original torna-se mais tênue, menos urgente e contundente. Mas ele adquire uma realidade imaginativa reforçada – o medo é transformado em uma expectativa niilista mórbida, ou mesmo esperança, de destruição total".[60] Há, portanto, um ponto de contato entre esperança e niilismo, e isso não passou desapercebido àquele que mais intensamente investigou o afeto da esperança: Ernst Bloch. Afinal, também os processos de transformação social profunda ocorrem por meio do *"nada que está rondando"*, por meio das manifestações não decididas do nada: *"todo advento contém o niilismo como derrotado-usado"*.[61]

---

59 Lasch, op. cit., p.84.
60 Löwenthal; Guterman, op. cit., p.36.
61 Ernst Bloch, *O princípio esperança*, v.I, Rio de Janeiro: Contraponto, 2005, p.305.

Mas esse *nada* (ou o "caráter destrutivo" de Benjamin, que "não vê nada de duradouro" e que "converte em ruínas"[62] tudo que existe) é ao mesmo tempo o "perigo" e "aquilo que salva", para evocar o célebre verso de Hölderlin, tão apreciado por Bloch.[63] Enquanto a utopia é a vontade rumo ao tudo, "o nada absoluto é o malogro selado da utopia".[64] Esse novo radicalismo de direita analisado por Adorno contém algo de um "malogro selado da utopia", que se expressa como um *desejo de fim*. Quem está diante do nada e não deseja a transformação do todo *quer o colapso, a destruição*. "Mas ele não quer só a destruição de seu próprio grupo, ele quer, se possível, a destruição do todo."[65]

O desejo potencialmente suicida de fim é a revolução ao avesso: sua versão puramente mórbida e destrutiva.[66] No en-

---

62 Walter Benjamin, *Imagens de pensamento*, in *Obras escolhidas vol. II*, São Paulo: Brasiliense, 1987, p.237.

63 Na primeira estrofe do *Patmos*, de Hölderlin: "*Wo aber Gefahr ist, wächst/ das Rettende auch*" ["Mas onde há perigo, cresce/ também o que salva"]. Günther Anders, em sua enésima provocação a seu amigo, o esperançoso Bloch, também comenta esse verso de Hölderlin: "A citação dessas palavras deveria ser proibida. Imaginem se os americanos tivessem consolado os habitantes de Hiroshima com essa citação de Hölderlin, um dia antes do ataque à cidade. Ou se os nazistas tivessem gravado essas palavras no portão de Auschwitz – o cinismo dessa solenidade salta aos olhos" (Anders, op. cit., p.129). O que Anders aponta é: esse passe de mágica, que do horror extrai o milagre, caducou. O *nada*, depois do Campo e da Bomba, já não promete "mais nada". "A bomba e o niilismo formam uma síndrome", cujo potencial único é a aniquilação total (Anders, *Die Antiquiertheit des Menschen*, v.I, Munique: Beck, 2010, p.303).

64 Bloch, op. cit., v.I, p.307.

65 Adorno, *Aspectos...*, p.52.

66 A relação disso com o que ocorre política e ideologicamente hoje no Brasil e no mundo é evidente, algo que, no entanto, não será abordado

Aspectos do novo radicalismo de direita

tanto, Adorno não vê nessa imaginação escatológica à direita uma mera retórica propagandística ou delírio patológico: *há uma tendência objetiva, fermentando na realidade social, que serve de lastro para essa fantasia*. Trata-se de algo que ocorre de modo independente do âmbito da "alma": por isso Adorno utiliza as ferramentas da psicanálise e, ao mesmo tempo, "despsicologiza" o conceito de fascismo.[67] Como uma transfiguração ideológica, aparecia já naquela direita radical uma "distorção da teoria do colapso de Marx",[68] de tal forma que *estava anunciado o fim do curto*

---

aqui. Tentei interpretar o fenômeno nesses termos em um primeiro momento em Catalani, "Aspectos ideológicos do bolsonarismo", *Blog da Boitempo*, 31 out. 2018, disponível em: <https://blogdaboitempo.com.br/2018/10/31/aspectos-ideologicos-do-bolsonarismo/>; e depois de forma mais desdobrada em Catalani, "A decisão fascista e o mito da regressão: o Brasil à luz do mundo e vice-versa", *Blog da Boitempo*, 23 jul. 2019, disponível em: <https://blogdaboitempo.com.br/2019/07/23/a-decisao-fascista-e-o-mito-da-regressao-o-brasil-a-luz-do-mundo-e-vice-versa/>; e Catalani, "A barbárie e os bárbaros: notas sobre o processo social brasileiro na crise", em Santos; Perruso; Oliveira (orgs.), *O pânico como política: o Brasil no imaginário do lulismo em crise*. São Paulo: MauadX, 2020.

67 Em uma conversa radiofônica de 1968 com Hellmut Becker sobre uma possível função da educação para a "desbarbarização", Adorno insiste nessa "despsicologização": "*Becker*: Se quisermos combater esse fenômeno por meio da educação, deverá ser decisivo remetê-lo a seus fatores psicológicos básicos... *Adorno*: Não apenas aos psicológicos, mas também aos objetivos, que se encontram nos próprios sistemas sociais. *Becker*: Eu concebo a psicologia também como um fator objetivo. *Adorno*: Sim, porém entendo como sendo fatores objetivos neste caso os momentos sociais que, independentemente da alma individual dos homens singulares, gera algo como a barbárie" (Adorno, "A educação contra a barbárie" em *Educação e emancipação*, São Paulo: Paz e Terra, 2003, p.156).

68 Adorno, *Aspectos...*, p.51.

verão da normalidade europeia. Se aqueles grupos apareciam meramente como lunáticos para o *mainstream* bem-pensante, Adorno alertava que julgá-los simplesmente como burros ou loucos não passava de um "consolo pequeno-burguês e quietista"[69] e um autoengano em relação a tendências bastante concretas do desenvolvimento capitalista. A insistência de Adorno nesse ponto (na crítica da má psicologização) mira o cerne da interpretação liberal do fascismo, que o reduz a uma mera patologia moral, uma loucura, um desvio, portanto inocentando a ordem social que o germinou e atribuindo o problema a uma anomalia qualquer de indivíduos mal adaptados que não teriam conseguido desenvolver um sentimento para o convívio democrático (os "eternos incorrigíveis", como diz Adorno ironicamente). Coincidentemente (mas não tanto), tal narrativa progressista sobre o fascismo como um desvio do processo civilizatório era partilhada também a leste da cortina de ferro; afinal, os ideólogos da modernização soviética estavam igualmente na disputa em torno de quem seria o verdadeiro herdeiro das luzes ocidentais. Não devem espantar, portanto, os brados de Lukács, que, nos anos 1950, escreveu sua própria versão da "elabora-

---

[69] Ibidem. Na *Minima moralia*, Adorno comentava a tola observação de que Hitler seria, afinal, "um louco": "Muitos conhecimentos são fúteis, se desproporcionados à relação de forças, ainda que formalmente possam ser corretos. Quando o médico emigrado diz: 'Para mim, Adolf Hitler é um caso patológico', é possível que, no fim das contas, os exames clínicos confirmem sua asserção, mas a desproporção que há entre essa frase e a catástrofe objetiva que se abate sobre o mundo em nome daquele paranoico torna ridículo tal diagnóstico, através do qual quem diagnostica quer apenas pavonear-se" (Adorno, *Minima moralia*, ed. bras., p.48).

ção do passado", contra o "irracionalismo alemão". Haveria, de Nietzsche a Hitler, uma sombria continuidade operando nas margens da racionalidade (mas não na racionalidade enquanto tal, evidentemente).⁷⁰

Na contramão dessa ilusão progressista da interpretação liberal sobre o fascismo (que reaparece praticamente inalterada do lado soviético), Adorno via naqueles fenômenos mórbidos, assim como Bloch nos anos 1930 (com os devidos cuidados na analogia), não um mero defeito da consciência, mas *"angústia e fúria represada"*;⁷¹ portanto, sofrimento social acumulado que se traduz em uma energia política ambígua, indecidida, como um *sintoma de uma transformação social que não ocorreu*. Não

---

70 Lukács, *Von Nietzsche zu Hitler oder der Irrationalismus in der deutschen Politik*, Frankfurt am Main: Fischer, 1966. Para além dos clichês caricatos sobre o fantasma do "irracionalismo", o argumento de Lukács não é irrelevante: o cerne de sua análise passa pela lente bifocal do comparatismo, que contrapõe o "atraso alemão" às luzes francesas. É importante dizer que boa parte da disputa interpretativa nos anos 1930 sobre os sentidos do fascismo se dava na forma de um debate estético, sobretudo no debate em torno do expressionismo, no qual Bloch e Lukács assumiam posições antagônicas.

71 Ernst Bloch, *Erbschaft dieser Zeit*, Frankfurt am Main: Suhrkamp, 1985, p.122. Sobre a interpretação blochiana do fascismo em *Herança dessa época*, ver Rabinbach, "Unclaimed Heritage: Ernst Bloch's Heritage of out Time and the Theory of Fascism", *New German Critique*, n.11, p.5-21, primavera 1977. Talvez poderíamos pensar uma analogia entre o que Bloch chamava de "classes sem história" e os desclassificados potenciais que Adorno tinha em vista. Em ambos os casos, não se trata da "classe" tal como pensada por Lukács, que viria, portanto, no combo História, Consciência etc., mas daqueles que, em um limbo social e histórico, já não seriam algo como os destinados a serem os "sujeitos da modernização", e, no entanto, são igualmente portadores de uma energia política antissistêmica.

uma irracionalidade qualquer, mas algo que extrai sua força a partir das contradições *imanentes* ao mundo social,[72] algo cujo "represamento" tem um limite. Tal diagnóstico possui consequências políticas ao mirar também aquilo que aparece como mera política de contenção social na "evitação" do fascismo e se traduz como um posicionamento perante o SPD (*Sozialdemokratische Partei Deutschlands*). Anos antes, Adorno hesitara em fazer uma crítica pública mais contundente ao SPD (que havia aderido definitivamente à economia social de mercado em 1959, com o Programa de Godesberg), justamente por receio de com isso fortalecer o radicalismo de direita, mesmo que de forma indireta. Aqui sua posição de certo modo se inverte. A "contenção", enquanto substituto para uma transformação social profunda, deixa de ser aquilo que "evita" o potencial fascista e passa a ser aquilo que o *causa*. Considerando a "crise permanente" em que se encontra o mundo agrário alemão, onde haveria uma espécie de Alemanha periférica em formação (se for permitida uma analogia com a *France périphérique* analisada pelo geógrafo das "fraturas francesas" Christophe Guilluy), Adorno constata que enquanto esse impasse não for resolvido "de uma forma radical, a saber, de uma forma não subvencionista, artificial e novamente problemática", então "esse caldeirão prestes a explodir continuará a existir".[73]

---

[72] Na palestra dada por Adorno no dia anterior (e que servirá de base para seu ensaio sobre conflito social), ele chega a falar que, em uma "situação de crise", a "energia da luta de classes desviada de seu objetivo primário" pode se manifestar com um "perigoso potencial": "esse potencial é de desintegração" (Adorno, Anmerkungen zum sozialen..., op. cit., p.188).

[73] Adorno, *Aspectos*..., p.49.

Aspectos do novo radicalismo de direita

Ao mesmo tempo, quando Adorno diz que a teoria do colapso de Marx aparece ideologicamente transfigurada na consciência do radical de direita é porque, de certo modo, em meio àquela sociedade aparentemente estável e plena, *estava-se antecipando o colapso da sociedade do trabalho*, inevitavelmente acarretado pelo desenvolvimento das forças produtivas e pela expulsão da força de trabalho do processo produtivo. Algo que, por sua vez, desencadeia a crise de valorização das décadas seguintes, ocasionando o processo de financeirização e de endividamento estrutural dos Estados. Em outros termos, um fantasma real já assombrava a fantasia dos alemães, pois as pessoas já se enxergavam como *"desempregados potenciais"*, como potencialmente expulsas do mundo: diante do "fantasma do desemprego tecnológico [...], as pessoas que estão no processo de produção sentem-se já como potencialmente supérfluas".[74] Eram potenciais "sujeitos monetários sem dinheiro" (Kurz).

Hoje, cinco décadas depois, esse processo já se encontra em um estágio muito mais avançado. No fim dos anos 1960, Adorno dizia que "a decomposição em partículas centrífugas é o reverso da integração social".[75] A desintegração social e a relegação de enormes setores da população mundial a uma situação de quase anomia (e também nos países assim chamados "desenvolvidos", que se encontram em franco processo de periferização) já é hoje fato consumado. Só com muito esforço (ou má-fé) alguém não enxerga hoje a relação entre esse processo e a avalanche de extrema direita que avança no mundo. "O fascismo fixa os resultados sociais do colapso capita-

---

74 Idem, op. cit., p.47.
75 Adorno, Anmerkungen..., op. cit.

lista"⁷⁶ — em uma situação como essa, tentar salvar aquilo que desmorona não é simplesmente inócuo, mas fortalece o que se pretende combater.

Felipe Catalani

Bibliografia recomendada

CLAUSSEN, Detlev. A banalidade do mal: sobre Auschwitz, a religião do cotidiano e a teoria social, Viso, *Cadernos de Estética Aplicada*, n.12, jul-dez/2012, 46-60.

COOK, Deborah. Adorno on late capitalism: Totalitarianism and the welfare state. *Radical Philosophy* n.89, May/Jun 1998.

FISCHER, Lars. The Frankfurt School and Fascism. In: BEST, Beverley; BONEFELD, Werner; O'KANE, Christ (eds). *The SAGE Handbook of Frankfurt School Critical Theory*. California: Sage, 2018.

HABER, Stéphane. Pathologies of authority: some aspects of the Frankfurt School notion of "Authoritarian Personality", *Cités* 2001/2 (n.6), 49-66.

NEVES SILVA, E. S.; DE CAUX, L. Ph. Uma pré-história filosófica do antissemitismo: Adorno e Horkheimer sobre a genealogia do ódio antissemita. *Problemata: Revista Internacional de Filosofia*, v.10, p.255-72, 2019.

---

76 Horkheimer, "Die Juden und Europa", op. cit.

// Aspectos do novo radicalismo de direita

Prezadas senhoras e senhores, eu gostaria não de lhes fornecer uma teoria do radicalismo de direita pretensamente completa, mas de tentar, em algumas observações soltas, ressaltar algumas coisas sobre as quais talvez nem todos estejam cientes. Com isso eu não quero invalidar outras interpretações teóricas, mas simplesmente tentar complementar um pouco aquilo que se pensa e se sabe de forma tão geral sobre essas coisas. Em 1959, dei uma palestra intitulada "O que significa: elaboração do passado", na qual desenvolvi a tese de que é possível explicar o radicalismo de direita, ou de que é possível explicar o potencial de um tal radicalismo de direita, que à época na verdade ainda não era visível, pelo fato de que os pressupostos sociais do fascismo ainda perduram. // Senhoras e senhores, eu quero então partir daí: os pressupostos dos movimentos fascistas, apesar de seu colapso, ainda perduram socialmente, mesmo se não perduram de forma imediatamente política. Em primeiro lugar, penso na tendência ainda dominante de concentração do capital, que se pode eliminar do mundo pelas mais diversas artes da estatística, mas de cuja existência não se pode, seriamente, duvidar. Além disso, essa tendência de concentração ainda significa a possibilidade da desclassificação permanente de camadas que eram completamente burguesas de acordo com sua consciência de classe subjetiva e que querem fixar seus privilégios e seu *status* social, e possivelmente fortalecê-los. Esses grupos continuam a tender a um ódio ao socialismo ou àquilo que eles chamam de socialismo, isto é, transferem a culpa de sua própria desclassificação potencial não ao aparato que a causa, mas àqueles que se opuseram criticamente ao sistema no qual outrora eles possuíam *status*, ao menos segundo concepções tradicionais. Se eles ainda fazem isso hoje, ou se sua prática ainda é essa, isso é uma outra questão.

11 // Ora, a transição ao socialismo, ou, dito de modo mais modesto, também somente a transição às organizações socialistas tornou-se há bastante tempo muito difícil para esses grupos, muito mais difícil do que era antigamente, ao menos na Alemanha – e minhas experiências referem-se em primeiro lugar à Alemanha, naturalmente. Sobretudo porque o SPD, o Partido Social-Democrata Alemão, é identificado com um keynesianismo, um liberalismo keynesiano, que por um lado desvia-se dos potenciais de uma transformação da estrutura da sociedade que estavam dados na teoria marxiana clássica, mas por outro lado fortalece a ameaça de pauperização, pelo menos como consequência, para as camadas das quais eu estava falando. Evoco o simples fato da inflação que se aproxima silenciosamente, mas que é bastante notável e que é uma consequência justamente do expansionismo keynesiano. E chamo atenção ainda para uma tese, que desenvolvi justamente naquele trabalho de oito anos atrás e que no entretempo começa a se atualizar bastante, a saber: apesar do pleno emprego e apesar desses sintomas de

12 prosperidade, o fantasma do desemprego tecnológico // continua a rondar de tal modo que, na era da automatização – que ainda está atrasada na Europa central, mas que sem dúvida recuperará o atraso –, também as pessoas que estão no processo de produção sentem-se já como potencialmente supérfluas. E expressei isso de forma bastante extrema: elas sentem-se na verdade como desempregados potenciais. A isso adiciona-se ainda naturalmente o medo do Leste, tanto por causa do baixo nível de vida ali, como devido à ausência de liberdade que é experimentada de forma imediata e bastante real pelas pessoas, também pelas massas. E há ainda, pelo menos até pouco tempo atrás, o sentimento da ameaça política externa.

Devemos lembrar da situação peculiar que predomina em relação ao problema do nacionalismo na época dos grandes blocos de poder. Dentro desses blocos, o nacionalismo perdura, no entanto, como órgão da representação coletiva de interesses dentro dos grandes grupos em questão. Não há dúvidas de que, em termos de psicologia social, e também na realidade, há um medo bastante difundido de entrar nesses blocos e de ali ser fortemente prejudicado no que diz respeito à existência

13 material. Ou seja, na medida em que se trata, // por exemplo, do potencial agrário do radicalismo de direita, é aqui com certeza extraordinariamente forte o medo da CEE (Comunidade Econômica Europeia) e das consequências da CEE para o mercado agrário.

Porém, ao mesmo tempo, e aqui eu toco no caráter antagônico que tem o novo nacionalismo ou radicalismo de direita, há nele algo de fictício diante do agrupamento do mundo hoje em alguns blocos gigantescos nos quais as nações e os Estados individuais desempenham tão somente um papel subordinado.

Na verdade, ninguém mais acredita totalmente nisso. A nação individual é extraordinariamente restringida em sua liberdade de movimento pela integração nos grandes blocos de poder. Mas não se deveria tirar daí a conclusão simplista de que, por isso, o nacionalismo, devido a seu caráter ultrapassado, não desempenharia mais nenhum papel decisivo. Pelo contrário, com frequência ocorre que convicções e ideologias, justamente quando elas não são mais de fato substanciais devido à situação objetiva, assumem então seu caráter demoníaco, seu caráter verdadeiramente destrutivo. Afinal, a caça às bruxas não ocorreu na época do alto tomismo, mas na época da Contrarreforma, // e algo parecido ocorre hoje com o, se eu puder chamar assim, nacionalismo "pático". Aliás, já na época de Hitler houve esse momento da forçação daquilo em que não se acredita totalmente. E isso já era possível observar na época: essa oscilação, essa ambivalência entre o nacionalismo simulado e a dúvida sobre ele, a qual então torna necessário disfarçá-la, de modo a, ao mesmo tempo, convencer a si e aos outros sobre ele.

Bom, a partir dessas teses bastante simples quero primeiro tirar algumas consequências. Creio que isso pode ser explicado a partir daquilo que eu lhes disse, a saber: trata-se fundamentalmente de um medo das consequências dos desenvolvimentos gerais da sociedade, e o que foi observado em toda parte pelos institutos de pesquisa de opinião, e que também se confirmou a partir de nosso próprio trabalho, é que os apoiadores do velho e do novo fascismo estão hoje espalhados por toda a população. Creio que a suposição bastante difundida de que se trata sobretudo de movimentos especificamente da pequena burguesia, como se observou recentemente no // poujadismo francês, mesmo que correta no que concerne, se eu puder dizer assim, ao caráter social desses movimentos, penso que essa tese certamente não está correta no que diz respeito à distribuição, embora certos grupos pequeno-burgueses também estejam certamente entre os suscetíveis. Sobretudo também os pequenos comerciantes, que são imediatamente ameaçados pela concentração do comércio de varejo nas lojas de departamento e instituições semelhantes. Além da pequena burguesia, certamente desempenham um papel enorme os agricultores, que se encontram em uma crise permanente. E penso que, enquanto não se conseguir realmente resolver o problema agrário de forma radical, a saber, de uma forma não subvencionista, artificial e novamente problemática, enquanto não se alcançar realmente uma coletivização sensata e racional da agricultura, esse caldeirão prestes a explodir continuará a existir.

Além disso, há também nesses movimentos, em geral, algo como uma oposição entre a província e a cidade que se agrava. Também certos grupos particulares parecem ser especialmente vulneráveis, como os pequenos vinicultores na região de Pfalz na Alemanha. No que // concerne ao apoio dos industriais a esses movimentos, não há realmente até agora provas concretas para isso. É preciso ser bastante cauteloso com todas essas coisas para não se pensar de forma muito esquemática, por exemplo com o esquema da indústria que força o fascismo. Não se deve operar tão levianamente. Deve-se ter também em mente que o fascismo, cujo aparato sempre tem a tendência de se autonomizar diante dos interesses econômicos fundamentais, tampouco é uma amenidade para a grande indústria, e que na Alemanha embarcou-se no fascismo como uma *ultima ratio*, isto é, no instante da crise econômica realmente enorme que claramente não deixou uma outra possibilidade para a indústria falida da região do Ruhr.

Claro, há os quadros de velhos nazistas. Mas também aqui eu quero dizer, e simplesmente com base em observações feitas no interior da pesquisa social empírica, que não se deve acreditar que se trata meramente dos assim chamados "incorrigíveis", sobre os quais se sacode os ombros. São atraídos também, sem dúvida, jovens, // em especial também tipos daqueles, digamos, que vivenciaram a derrocada em 1945 enquanto meninos de quinze anos e que têm o sentimento extraordinariamente forte de que "a Alemanha deve se reerguer".

Talvez eu possa dizer aqui, do ponto de vista da psicologia social – embora não tome essas coisas como questões primariamente psicológicas –, que, no ano de 1945, o verdadeiro pânico, a verdadeira dissolução da identificação com o regime e com a disciplina não ocorreu, como foi o caso na Itália, mas foi algo que permaneceu coeso até o fim. A identificação com o sistema na Alemanha nunca foi de fato radicalmente destruída, e aí reside naturalmente uma das formas pelas quais esses grupos que eu mencionei agora mesmo podem se vincular a isso.

Ouve-se com muita frequência, em relação a essas categorias como "os eternamente incorrigíveis" e outros fraseados de consolo, a afirmação de que haveria em toda democracia algo como um resíduo de incorrigíveis ou de idiotas, uma assim chamada *lunatic fringe*, como dizem nos Estados Unidos. E, quando se diz isso, // há aí um certo consolo quietista burguês. Creio que a isso só se pode responder: claro que em toda assim chamada democracia do mundo observa-se algo desse tipo, com intensidade variada, mas somente enquanto expressão de que a democracia, no que concerne ao conteúdo (o conteúdo socioeconômico), até hoje não se concretizou real e totalmente em nenhum lugar, tendo permanecido como algo formal. E, nesse sentido, poderíamos caracterizar os movimentos fascistas como as feridas, as cicatrizes de uma democracia que até hoje ainda não faz justiça a seu próprio conceito.

Eu gostaria de dizer também, em se tratando de corrigir certas concepções clichês sobre esses assuntos, que a relação desses movimentos com a economia é uma relação estrutural que existe naquela tendência de concentração e na tendência à pauperização. Mas isso não pode ser imaginado tanto no curto prazo e, quando se equipara simplesmente radicalismo de direita com os movimentos da conjuntura, pode-se chegar a juízos bastante falsos. Os êxitos do NPD[1] na Alemanha já eram um tanto alarmantes antes da // retração econômica, e de certo modo eles a anteciparam, ou, se quiserem, eles a descontaram. Eles anteciparam, por assim dizer, um medo e um terror que só então se agudizaram bastante.

Com essa expressão, da antecipação do terror, creio realmente ter tocado algo bastante central que, até onde posso ver, é muito pouco levado em conta nas visões correntes sobre o radicalismo de direita: a relação bastante complexa e difícil que se dá aqui com o sentimento de catástrofe social. Poderíamos falar de uma distorção da teoria do colapso de Marx que se dá nessa consciência bastante deformada e falsa. Por um lado, pergunta-se pela dimensão racional: "Como isso poderá continuar se houver algo como uma grande crise?" – e, para esse

---

[1] Nationaldemokratische Partei Deutschlands (Partido Nacional-Democrático da Alemanha), partido de extrema direita fundado em 1964. (N. T.)

caso, esses movimentos recomendam a si mesmos. No entanto, por outro lado, eles possuem algo em comum com aquele tipo de astrologia manipulada de hoje, que é, para mim, um sintoma sociopsicológico extremamente importante e característico, pois eles de certo modo querem a catástrofe, eles se nutrem // com fantasias do fim do mundo, que, aliás, como sabemos a partir de documentos, também não eram estranhas à antiga claque dirigente do NSDAP.[2]

Se eu devesse falar de modo psicanalítico, diria que o desejo inconsciente de desgraça, de catástrofe, não é aqui a menor das forças mobilizadas a que esses movimentos fazem apelo. Mas eu gostaria ainda de adicionar a isso – e com isso falo àqueles que, com razão, são céticos em relação a uma interpretação meramente psicológica de fenômenos sociais e políticos – que esse comportamento de forma alguma é só psicologicamente motivado, ele tem também sua base objetiva. Para quem não vê nada diante de si e para quem não quer a transformação da base social, não sobra na verdade absolutamente nada, senão dizer, como o Wotan de Richard Wagner: "Sabes o que Wotan quer? O fim".[3] A partir de sua própria situação social, ele quer a destruição [*Untergang*]. Mas ele não quer só a destruição de seu próprio grupo, ele quer, se possível, a destruição do todo.

Se eu puder dizer ainda algo sobre o aspecto // especificamente alemão da ascensão do NPD, então diria que aqui a função do conceito de organização certamente desempenha

---

2 Nazionalsozialistische Deutsche Arbeiterpartei (Partido Nacional-
-Socialista dos Trabalhadores Alemães). (N. T.)
3 Referência a um verso da ópera *O anel do Nibelungo*, de Richard Wagner. (N. T.)

um papel fundamental. Pela primeira vez, já pela aproximação de seu nome ao de outros partidos, o NPD exerceu algo como um apelo organizativo de massa sem ter aquele cheiro de seita como tinham os precursores do NPD de extrema direita, a saber, o Sozialistische Reichspartei[4] e seja lá qual for o nome dos outros. Na Alemanha – e isso é algo especificamente alemão e que não se pode transpor sem mais para a Áustria –, surte efeito aquilo que é rígido e centralista. Já aquilo que mesmo de longe lembre uma seita, ou seja, que não apareça de antemão como se possuísse uma sustentação formidável por trás, é visto como suspeito e não exerce nenhum apelo de massas. A ideia de que não pode haver nenhum solitário faz parte das bases da ideologia alemã. Não à toa sempre colocaram na boca de Hindenburg[5] o "Permaneçam unidos, unidos, unidos!", e a luta contra a "desordem do partido", ou seja, a ideia de que o compromisso político em si mesmo já é uma forma de decadência está tão profundamente enraizada na burguesia alemã que, // até hoje, mesmo com a transformação da forma política, pouca coisa mudou nessa ideologia.

Deseja-se, portanto, ter algo atrás de si, e isso explica o grande papel do assim chamado *bandwagon effect* [efeito de adesão], como dizem nos Estados Unidos. Isto é, esses movimentos se apresentam sem exceção como se já tivessem tido um êxito muito grande, e atraem as pessoas por meio do fingimen-

---

4 Partido neonazista fundado em 1949 e proibido em 1952. Todos os membros da direção do partido eram antigos membros do NSDAP. (N. T.)

5 Paul von Hindenburg, militar que comandou o Exército Imperial Alemão durante a Primeira Guerra Mundial e que posteriormente se tornou presidente durante a República de Weimar. (N. T.)

to de que são, portanto, os garantidores do futuro e de que têm por trás deles sabe Deus o quê. O fato de que na República Federativa Alemã o Estado nacional é algo que se realizou somente com um enorme atraso, sobretudo em comparação com a Inglaterra e a França, é algo que certamente desempenha um papel nesse complexo de unidade. E as pessoas na Alemanha parecem viver em uma angústia permanente em torno de sua identidade nacional, uma angústia que certamente contribui para a supervalorização da consciência nacional como algo seu. Por exemplo, o pânico que acomete os alemães diante da ideia de cisão poderia encontrar sua explicação também aí.

23 Não se deve subestimar esses movimentos // devido a seu baixo nível intelectual e devido a sua ausência de teoria. Creio que seria uma falta total de senso político se acreditássemos, por causa disso, que eles são malsucedidos. O que é característico desses movimentos é muito mais uma extraordinária perfeição dos meios, a saber, uma perfeição em primeiro lugar dos meios propagandísticos no sentido mais amplo, combinada com uma cegueira, com uma abstrusidade dos fins que aí são perseguidos. E creio que justamente essa constelação de meios racionais e fins irracionais, se eu puder expressar de forma abreviada, corresponde de certo modo à tendência geral civilizatória que resulta em uma tal perfeição das técnicas e dos meios, enquanto, na verdade, a finalidade geral da sociedade é ignorada. A propaganda é genial, sobretudo pelo fato de que, nesses partidos e movimentos, ela nivela a diferença, a diferença inquestionável entre os interesses reais e os falsos objetivos simulados. Assim como outrora com os nazistas, a propaganda é realmente a substância mesma da coisa. Se os meios são substituídos pelos fins em uma medida crescente, então pode-se

quase dizer que, nesses movimentos de direita radical, // a propaganda constitui, por sua vez, a substância da política. E não é nenhum acaso que os assim chamados líderes [*Führer*] do nacional-socialismo alemão, Hitler e Goebbels, eram justamente, em primeiro lugar, propagandistas; e a produtividade e a fantasia deles entrou na propaganda.

Aliás, penso que não se deve por isso exagerar os conflitos nas cúpulas alemãs do NPD. Se a minha impressão estiver correta, então ganhou a assim chamada ala dura ou radical. Deve-se lembrar da antiga relação entre o NSDAP e os "nacionalistas alemães" ligados a Hugenberg.[6] Eles continuam não tendo uma base de massas, e a base de massas parece agora realmente coincidir com aquele momento da política de catástrofe, do exagero de si mesmo, ou, se quiserem, com aquele momento de delírio.

Aliás, nesse contexto, isso é bem interessante, e é algo que deveria ser considerado pela ciência política e sobretudo pelos próprios políticos que analisam tais coisas: o fato de, apesar das catástrofes, tais estruturas possuírem uma curiosa constância. Ou seja, // apesar das grandes catástrofes, parece simplesmente se repetir nas disputas políticas dentro do NPD algo parecido com o fato de que os "nacionalistas alemães" [*Deutschnationalen*] eram inferiores aos nacional-socialistas na luta pelo poder.

---

6 "*Deutschnationalen*": refere-se a apoiadores e membros do Deutschnationale Volkspartei, partido conservador da República de Weimar no qual se concentravam nobres, apoiadores do *Kaiser* e antissemitas. De 1928 a 1933, o partido foi comandado por Alfred Hugenberg, passando a cooperar com os nazistas de forma mais intensa. Posteriormente, foi consideravelmente "absorvido" pelo NSDAP. (N. T.)

Agrupamentos políticos sobrevivem a sistemas e a catástrofes. Na Alemanha, por exemplo, antigos polos nazistas como Nordhessen, onde já nos anos 1880 houve um movimento antissemita selvagem, ou como o norte da Baviera, parecem ser especialmente suscetíveis. Grupos que se consideram ao mesmo tempo anticonservadores e antivermelhos[7] tendem, com essa dupla oposição, de forma quase *a priori* ao radicalismo de direita, e posso imaginar que se possa observar algo parecido na Áustria em relação a essa estrutura. Naturalmente, não se deve escamotear o que há de manipulado e de forçado em todos esses movimentos. Eles têm algo de um fantasma de um fantasma. Seria falso e histérico se imaginássemos hoje na Alemanha que, por trás dessas coisas, há algo como um movimento de massas espontâneo. Entretanto, // um tal movimento pode muito bem se formar se o potencial dado pelas condições objetivas for capturado e conduzido a situações agravantes. E, nesse caso, certamente é correto que os grupos extremistas, de acordo com a dinâmica que sempre se mostra nessas situações, ganharão o controle. Hoje, com certeza, não estamos nesse ponto, mas, por outro lado, não se podem tomar como invariantes os números sobre o potencial do radicalismo de direita, que aliás não são nada pequenos, publicados pelos pesquisadores de opinião. O fato de que não se acredita totalmente nessas coisas não torna as coisas melhores. Por um lado, isso contém a possibilidade à qual se deve vincular defensivamente – pode-se

---

7 No original, *"anti-schwarz und anti-rot"* [antinegro e antivermelho]: no sistema oficial alemão de identificação política, o negro é a cor da CDU (União Democrático-Cristã), e vermelho do SPD (Partido Social-Democrata alemão), embora "antivermelho" possa ter o sentido também de antiesquerda em sentido mais amplo. (N. T.)

usar essa contradição e o fato de que não se acredita plenamente nessas coisas para confrontar essas tendências –, mas há aí a possibilidade e o potencial mesmo desses movimentos de crescerem ao ponto de se tornarem sistemas delirantes, e já não pode haver mais nenhuma dúvida de que os assim chamados movimentos de massa de estilo fascista possuem uma relação bastante profunda com os sistemas delirantes. Aqui cumpre um papel significante aquele tipo antropológico que no livro sobre a personalidade autoritária // eu chamei de "tipo manipulador" – aliás, em uma época em que todo o material sobre os Himmlers, Höß e Eichmanns ainda não era conhecido, mas somente com base no material dado na época pela pesquisa social empírica. Trata-se, portanto, de homens que são simultaneamente frios, desprovidos de relação, estritamente inclinados à tecnologia, mas que justamente são em um certo sentido maníacos, como o era Himmler de modo prototípico. E essa curiosa unidade de sistema delirante e perfeição tecnológica parece estar em ascensão e parece desempenhar novamente um papel decisivo nesses movimentos em geral.

Por outro lado, senhoras e senhores, deve-se naturalmente ressaltar enfaticamente as diferenças da época de Weimar se não quisermos mais uma vez pensar em analogias de forma esquemática. Deve-se, em primeiro lugar, mencionar os efeitos da derrota. Essa derrota foi, no entanto, encoberta pelo período de prosperidade. E aqui é necessário colocar-se de forma decisiva contra essas coisas. De antemão, não se deve operar com apelos éticos, com apelos à humanidade, pois a palavra mesma "humanidade" e // tudo que tem a ver com isso faz as pessoas das quais se trata aqui se inflamarem, e tem o mesmo efeito de medo e fraqueza. Um efeito parecido com o de alguns casos que me são conhecidos, como a menção a Auschwitz ter conduzido a gritos como "viva Auschwitz", e a mera menção de nomes judeus ter produzido gargalhadas.[8] A única coisa que me parece realmente prometer algo – eu antecipo isso porque tomo como uma das questões centrais a oposição a esse movimento – é alertar os potenciais apoiadores do radicalismo de direita sobre suas consequências, tornar-lhes claro que essa política inevitavelmente conduzirá seus próprios apoiadores à desgraça e que essa desgraça já é refletida de antemão, tal como Hitler, já no início, empregou a expressão "então prefiro dar um tiro na própria cabeça", repetindo-a mais tarde em todas as oportunidades. Ou seja, se quisermos seriamente confrontar essas coisas, deve-se referir aos interesses drásticos daqueles a quem a propaganda se dirige. Isso vale especialmente para a juventude, // que deve ser alertada da disciplina militar sob todas suas formas, da opressão de sua esfera privada e de seu estilo de vida. E deve-se alertá-los do culto de uma assim chamada ordem, que por seu lado não se verifica pela razão; deve-se alertá-los sobretudo do conceito de disciplina, que é apresentada como um fim em si, sem que sequer a pergunta

---

8 Adorno parece se referir aqui a uma observação feita no estudo sobre o agitador fascista de Leo Löwenthal e Norbert Guterman: "Durante a narrativa do orador sobre os sofrimentos infligidos a ele como resultado de insultos, o público ficou quieto como se impressionado por essa história de inocência perseguida. A menção de um nome judeu gerou risos – um alívio da tensão. [...] O riso parece prenunciar o prazer da caça antecipada. A sugestão é que os seguidores riam apenas porque são generosos – eles deveriam bater, e bater forte, em vez de rir. Como o gato, eles brincam com o rato" (Löwenthal, Leo; Guterman, Norbert, *Prophets of Deceit: A Study of the Techniques of the American Agitator*, Nova York: Harper & Brothers, 1949, p.63). (N. T.)

"disciplina para quê?" seja feita. Por exemplo, a fetichização de tudo que é militar, tal como aparece em belas expressões como "*der soldatische Mensch*",[9] se insere certamente nesse contexto. Uma outra diferença a ser lembrada é o contexto político. Em todo caso, a Alemanha hoje não é mais sujeito político, nem mesmo só potencialmente, tal como foi o caso na época de Weimar. Há até mesmo a ameaça de que, por meio desse movimento, a Alemanha seja excluída da tendência política mundial em geral e acabe então realmente se provincianizando totalmente. Por um lado, isso coloca limites reais muito mais estreitos a esse tipo de política, a não ser que em outros países mais poderosos o radicalismo de direita // consiga igualmente se impor. Por outro, é precisamente isso que produz a fúria. E essa fúria deverá então ser descontada sobretudo naquilo que se costuma chamar de "setor cultural". Por isso, se eu puder só uma vez me calar a respeito dos interesses que se tem aí enquanto intelectual [*geistiger Mensch*], eu diria que, também do ponto de vista da política, devem ser observados com especial atenção os sintomas da reação cultural e da provincianização posta em movimento, uma vez que, simplesmente porque esses movimentos carecem de liberdade de movimento na política externa, esse é o âmbito no qual eles mais estão à vontade, e certamente tentam e vão tentar ainda mais ficar à vontade. Há aí toda uma série de inimigos designados. Por exemplo, a *imago* do comunista. Na República de Weimar era assim, o Partido

---

9 *O homem militar*, título de um livro de Werner Picht publicado na Alemanha em 1940. Picht trabalhou no serviço de imprensa da Wehrmacht (Picht, Werner, *Der soldatische Mensch*, Berlim: Fischer, 1940). (N. T.)

Comunista era um partido numericamente bastante forte e a rivalidade política entre os nazis e os comunistas tinha em todo caso uma certa plausibilidade, apesar de que o significado real do que na época chamavam de ameaça comunista certamente era bastante exagerado diante da posição da Reichswehr.[10] // Hoje não há mais um partido comunista na Alemanha,[11] e assim o comunismo assumiu realmente uma espécie de caráter mítico, isto é, ele se tornou completamente abstrato, e esse peculiar caráter abstrato faz que, de novo, simplesmente tudo que de alguma forma não convém é subsumido a esse conceito elástico de comunismo e é rechaçado enquanto comunista. Por exemplo, o infame Kongo-Müller, um homem que ficou na Alemanha, um alemão que, dentre os mercenários que atuaram no Congo, teve um papel especialmente horroroso. Também ele declarou que, em qualquer lugar no mundo onde fosse necessário lutar contra o comunismo, ele iria se prontificar imediatamente, pois isso seria o sentido da democracia.

    Bom, isso é separado de qualquer conhecimento do assunto. Comunismo tornou-se puramente uma palavra para assustar. Também o conceito de materialismo desempenha um papel como um conceito que assusta, em que se confunde de uma maneira bastante nebulosa o materialismo da busca por lucro e do interesse por vantagem material com a teoria materialista da história, e então agem como se aqueles que querem mudar esse sistema // fossem justamente os materialistas vulgares que só querem ter mais posses.

---

    10 *Reichswehr* era o nome das forças armadas alemãs de 1919 até 1935, quando foi renomeada para *Wehrmacht*. (N. T.)
    11 O Partido Comunista Alemão (KPD) foi proibido na Alemanha Ocidental entre 1956 e 1968. (N. T.)

Aspectos do novo radicalismo de direita

Creio, aliás, que uma das cisões curiosas internas à consciência de classe que há hoje — e disso temos certamente material concreto — é que aqueles que se identificam com a consciência de classe burguesa em sentido mais amplo consideram-se em geral idealistas, enquanto os trabalhadores, que continuam tendo que pagar a conta, têm ainda justamente um certo tipo de ceticismo, que pouco tem a ver com a teoria, mas que se opõe com extraordinária veemência à essência ideológica desse assim chamado idealismo, que é um idealismo vulgar — pois não há somente o materialismo vulgar, há também o idealismo vulgar.

Há certamente uma *bête noire*, sobretudo enquanto não se puder ser abertamente antissemita e enquanto também não se puder matar os judeus, porque afinal isso já aconteceu, então odeiam em especial os intelectuais. O termo "intelectual de esquerda" também é uma dessas expressões para assustar. Em primeiro lugar, apela-se aí // também à desconfiança alemã contra aquele que não tem cargo nem dignidade, que não tem um posto fixo, que é observado como alguém que vaga na vida, como "alguém que vive de brisa" [*Luftmensch*], como se dizia antigamente na Polônia. Quem não se insere na divisão do trabalho, quem por meio de sua profissão não está ligado a uma determinada posição e, portanto, a um pensamento bastante determinado, mas que conservou a liberdade de espírito, é, de acordo com essa ideologia, uma espécie de patife e deve ser cortado fora. Entra aí ainda certamente o antiquíssimo rancor do trabalhador manual contra o trabalho intelectual, mas de um modo completamente deslocado e tornado totalmente irreconhecível.

Visto que esses movimentos são por princípio, como eu dizia, técnicas de poder e de modo algum partem de uma teoria elaborada, e porque são impotentes contra o espírito, então eles se voltam contra os portadores do espírito. Como formulou uma vez Valéry, que não é exatamente suspeito de ser de esquerda: "Quando alguém é mais inteligente que você, então ele é um sofista".[12] Ao mesmo tempo, a separação entre o assim chamado entendimento e o assim chamado sentimento é reificada. Nesse contexto, // não posso deixar de chamar a atenção para o fato de que as observações que fiz no *Jargão da autenticidade* sobre o papel do conceito de existencial e de existência na filosofia existencial, ao menos a de cunho centro-europeia, se confirmaram. Recentemente, em uma polêmica contra uma professora malquista pelos radicais de direita, disseram: "Nós não discutimos com ela, trata-se aqui de oposições existenciais". Os senhores podem ver aí o quão imediatamente o conceito de existencial entra aqui já a serviço do irracionalismo, da recusa da argumentação racional e do pensamento discursivo em geral. No entanto, eu creio que o clima envenenado da filosofia existencial que domina o espaço germanófono porta uma culpa bastante considerável pela difusão do anti-intelectualismo entre os intelectuais.

É óbvio que o antissemitismo continua a ser, apesar de tudo, uma "peça no tabuleiro". Ele sobreviveu aos judeus, pode-se dizer, e daí vem sua própria forma fantasmagórica. Sobretudo, // também o sentimento de culpa é recusado aí por meio de uma racionalização: "Deve ter algo aí, senão não os teriam matado".

---

12 Citação original: "Si quelqu'un traite quelqu'un de sophiste, c'est qu'il se sait plus sot" [Se alguém chama o outro de sofista, é porque ele sabe que é mais burro] (Valéry, Paul, *Tel Quel*, Paris: Gallimard, 1941, p.347). (N. T.)

Aspectos do novo radicalismo de direita

Porém, há por enquanto um tabu sobre essas coisas na legislação oficial. Mas ainda o tabu em relação à menção aos judeus torna-se um meio da agitação antissemita, e com a piscadela de olhos que significa: "Não podemos dizer nada sobre isso, mas nos entendemos entre nós. Todos sabemos o que queremos dizer". E para essa técnica de insinuação basta meramente mencionar um nome judeu para produzir determinados efeitos.

Aliás, uma técnica da nova manipulação do antissemitismo, para a qual eu gostaria de lhes chamar atenção, para que os senhores possam talvez estudá-la um pouco mais a fundo e fazer resistência a ela, é o efeito cumulativo. O *Soldaten-Zeitung*, isto é, o *National-Zeitung*[13] desenvolveu isso com uma virtuosidade extraordinária, conseguindo não escrever nunca em nenhuma edição algo que fosse longe o suficiente a ponto de que medidas contra o antissemitismo e o neonazismo devessem ser tomadas de acordo com a devida legislação vigente. Por outro lado, no entanto, quando se vê uma série de // edições uma após a outra, deve-se estar realmente já tomado pelo espírito do formalismo para que não se veja o que elas querem dizer. E esse perigo, essa forma de insinuação transformada em uma técnica altamente desenvolvida, é portanto uma das coisas que devem ser estudadas e apreendidas de forma precisa, mas seria preciso também tentar encontrar meios legais por meio dos quais seria possível a um Estado democrático fazer frente a isso.

Agora, no que concerne à ideologia, ela é impedida pela legislação de exprimir-se plenamente. Pode-se dizer que todas as

---

13 Jornal de extrema direita fundado em 1950, com publicações semanais. Sua última publicação foi em dezembro de 2019. (N. T.)

expressões ideológicas do radicalismo de direita são caracterizadas por um conflito permanente entre o não-poder-dizer e aquilo que, como disse um agitador recentemente, deve fazer a audiência ferver – e posso tranquilizá-los, isso não a fez ferver. Ora, esse conflito não é somente externo, mas a coerção à adequação às regras do jogo democrático significa também uma certa alteração nos modos de comportamento, e nessa medida há aí também um momento, como posso dizer, // um momento de fragilidade que esses movimentos têm no estágio de seu retorno. Desaparece o que é abertamente antidemocrático. Pelo contrário: evocam sempre a verdadeira democracia e acusam os outros de antidemocráticos. E nas concessões às regras do jogo democrático há uma certa contradição. O elemento demagógico não pode mais se desdobrar de modo tão desinibido. Lembro, por exemplo, do problema da democracia interna ao partido, que na Alemanha é garantida pela Constituição. Quando a democracia intrapartidária é infringida, corre-se o risco da proibição. Mas se ela é mantida, então essa forma política é fundamentalmente inconciliável com aquilo que se defende ali. Também esse é um momento que deve ser observado para a reação.

O conteúdo dessa ideologia, na medida em que ela é uma ideologia autônoma e constituída (e tomo realmente o ideológico como algo bastante secundário em relação à vontade política de se chegar à frente), é naturalmente alimentada em termos essenciais pela ideologia nazi. Quando se leem os documentos, é chocante o quão pouco de coisas novas foram adicionadas ao velho repertório, o quão ele é secundário e requentado. // De todo modo, tentou-se usurpar a integração europeia, falando-se, por exemplo, de uma "Nação Europa", mas isso justamente mostrou-se como algo claramente muito pouco atrativo, pelo motivo de o nacionalismo ser uma tentativa de autoafirmação em meio à integração, que é, afinal, mais forte. Também aí há uma espécie de contradição.

Na ideologia, desempenha claramente um papel bastante forte – e com isso eu me refiro realmente a um problema científico, mas um problema que não posso me arrogar de lhes dar uma solução real –, desempenha um papel bastante significativo o antiamericanismo, que no período nazi estava preformado no discurso das nações "plutocráticas" e coisas do tipo. Nesse antiamericanismo, tenta-se usurpar da Europa a ideia de "terceira força". O que está por trás do antiamericanismo, isso é difícil de dizer. Provavelmente ele é em parte a ligação com algo que se sente concretamente, a saber, com o fato de que, sob a democracia formal, o sistema de blocos faz as pessoas se crerem – e não somente a se crerem – // privadas da plena liberdade da decisão política. Talvez eu possa dizer isso *en passant*; eu queria apontar aqui que de modo algum todos os elementos dessa ideologia são simplesmente falsos, mas que também o verdadeiro entra a serviço de uma ideologia não verdadeira e que o truque essencial para resistir a isso consiste em denunciar o abuso da verdade pela inverdade. A técnica mais importante pela qual a verdade é colocada a serviço da inverdade é a de retirar observações verdadeiras ou corretas de seu contexto, isolá-las, como por exemplo quando dizem: "Antes de ele ter feito aquela guerra idiota, com o Hitler estava bastante bom para a gente", sem que se veja que toda essa conjuntura entre 1933 e 1939 só foi possível por meio da frenética economia de guerra, da preparação para a guerra. Há diversos exemplos desse tipo.

De todo modo, isso se liga a todo o complexo da autonomia, na qual desemboca a democracia e que ao mesmo tempo não é plenamente realizada no sistema dominante. Se eu não estiver enganado com minhas observações, um dos *slogans* mais eficazes do neofascismo foram frases utilizadas como "pode-se // votar novamente". Ou que eles, variando um *slogan* de Goebbels (a saber, o dos "partidos do sistema"), falavam dos "partidos da licença", isto é, dos partidos que teriam sido licenciados pelas antigas potências ocupantes. E isso foi enormemente eficaz, porque as pessoas tinham o sentimento de que, com esse movimento que quer abolir a liberdade, elas ao mesmo tempo alcançam novamente a posse da liberdade, da livre possibilidade de decisão, da espontaneidade. Penso que seria importante se esse motivo, que é bastante misturado com o do antiamericanismo, fosse discutido de forma detida.

É essencial, nessa ideologia, seu caráter fragmentado. Diversas "peças", como a expansão rumo ao leste, o real imperialismo, sumiram *nolens volens*. Falta completamente a perspectiva "amanhã o mundo todo",[14] e com isso toda essa ideologia fica sem impulso, baseando-se ainda mais no desespero, tal como era de forma latente no nacional-socialismo. Mas eu gostaria de repetir que no fascismo nunca houve realmente uma teoria

---

14 Referência à célebre canção nazista "Es zittern die morschen Knochen" [Os ossos podres tremem] (1932), de Hans Baumann, que se tornou popular enquanto cancionista na Alemanha de Hitler. Adorno se refere mais especificamente aos versos: "Heute gehört uns Deutschland, und morgen die ganze Welt" [hoje nos pertence a Alemanha, e amanhã o mundo todo]. Após a guerra (e ainda hoje), aqueles que tentam "salvar" a música se justificam dizendo que na canção original, no lugar de *gehört* (pertence) seria *da hört* (escuta). (N. T.)

formada, sempre foi algo *sous-entendu*; // tratava-se de poder, de práxis sem conceito, e, por fim, de dominação incondicional. Diante disso, o espírito, como ele se imprime na teoria, é algo secundário. E justamente isso também proporcionou então a esses movimentos, do ponto de vista ideológico, aquela flexibilidade que se pode observar sob formas diversas. Ademais, reside também no espírito do tempo o predomínio de uma práxis sem conceito, e isso tem consequência para a propaganda. Por fim, permitam-me dizer-lhes algumas coisas sobre a propaganda, que na verdade é de certo modo, como sugeri, o cerne, a coisa mesma. Essa propaganda serve menos para a disseminação de uma ideologia, que é demasiado pobre, como lhes disse, e mais para tornar as massas engajadas. A propaganda é, portanto, sobretudo uma técnica de psicologia de massas. Subjacente a isso está o modelo da personalidade fixada na autoridade, hoje tal como na época de Hitler ou nos movimentos da *lunatic fringe*, nos Estados Unidos ou onde for. A unidade reside nesse apelo à personalidade fixada na autoridade. Sempre se diz que esses movimentos prometem algo a todos, // e isso está correto enquanto característica da ausência de teoria. Mas isso é falso na medida em que nesse apelo ao caráter fixado na autoridade há uma unidade bastante específica e acentuada. Os senhores nunca encontrarão uma afirmação que não corresponda ao esquema da personalidade fixada na autoridade. E justamente quando se descobre a estrutura do apelo à personalidade fixada na autoridade, os radicais de direita se enfurecem, e eu diria que, em todo caso, isso é uma prova de que nessa estrutura há um ponto nevrálgico. As tendências inconscientes que alimentam a personalidade fixada na autoridade não são tornadas conscientes pela propaganda, pelo contrário, elas são ainda mais reprimidas no inconsciente, elas são artificialmente mantidas inconscientes. Recordo apenas a importância fundamental dos assim chamados símbolos, que são característicos de todos esses movimentos.

Mas quando se começa a falar dessas coisas, então os dominantes tornam-se de repente bastante científicos e explicam que a exposição da personalidade fixada na autoridade // não é estatisticamente provada com a exatidão necessária e tudo o mais, e usam os meios de um positivismo pervertido para inibir a experiência, a experiência viva. Diga-se de passagem que esse é o ponto no qual os problemas, sobre os quais eu lhes falei ontem à noite,[15] convergem imediatamente com os que eu estou tratando hoje.

Odeia-se sobretudo a psicanálise, naturalmente. O anti-intelectualismo, o medo de que o inconsciente torne-se consciente e o caráter autoritário formam aqui uma espécie de síndrome.[16] Essa técnica de propaganda liga-se igualmente a certos traços formais, assim como a conteúdos particulares mais ou menos isolados. Estou convencido já há bastante tempo – e Horkheimer e eu trabalhamos sobre esse problema particular ainda quando estávamos nos Estados Unidos – de

---

15 Na palestra "Sobre o problema do conflito social hoje" que havia sido proferida no dia anterior, Adorno inicia sua fala com certas considerações metodológicas (que foram excluídas da versão impressa do texto) sobre a *experiência* no âmbito da pesquisa sociológica. Ele menciona sua tentativa de fazer os alunos treinarem a "imaginação sociológica" e aguçarem a sensibilidade para observar fenômenos sociais. (N. T.)

16 Sobre como Adorno opera a noção de "síndrome", ver o capítulo "Tipos e síndromes" nos *Estudos sobre a personalidade autoritária* (São Paulo: Editora Unesp, 2019). (N. T.)

que se trata de um número relativamente pequeno de truques estandardizados e completamente objetivados, que sempre retornam, que são bastante pobres e fracos, mas que, por outro lado, ganham // um certo valor propagandístico para esses movimentos por meio de sua repetição permanente.

Sobre o aspecto formal, eu gostaria em primeiro lugar de chamar a atenção para uma coisa contra a qual devemos nos defender, e isso não é nada simples. A saber, o apelo ao concretismo, como eu o chamei. Trabalha-se o tempo todo com o acúmulo de dados – e isso é claramente cultivado pelo NPD na Alemanha –, em especial com o acúmulo de números, aos quais em geral não se pode opor nada, e que é dito com este tom: "O quê? Mas isso toda criança sabe! E o senhor não sabe que na época o rabino Nussbaum queria que todos os alemães fossem castrados?". Ou seja, esse tipo de história completamente maluca e fantástica. Eu acabei de inventar o exemplo, certamente, mas os argumentos são mais ou menos desse tipo. Ostentam conhecimentos que dificilmente podem ser verificados, mas que, justamente por sua dificuldade de verificação, dão um tipo especial de autoridade àquele que os enuncia. Creio que por isso será bom que estejamos de antemão especialmente atentos quando se opera com tais afirmações aparentemente bastante concretas. // Isso está misturado com a famosa técnica de Hitler da mentira tosca. Igualmente, nas reuniões eleitorais alemãs, o NPD aumentava de forma claramente sistemática em dez vezes o valor da indenização paga a Israel. No entanto, isso veio a público, protestou-se energicamente contra eles, e aí eles se colocaram em maus lençóis.

Nesse mesmo contexto há igualmente o "método salame", como se diz em uma expressão alemã impertinente, isto é, cor-

ta-se um pedaço de um complexo, e então mais um e mais um. Ou seja, com essa pedantice pseudocientífica, que é própria desses movimentos, duvida-se dos números de judeus assassinados. E então se diz: "Sim, não foram seis milhões, mas somente cinco e meio", e uma vez lá, então começa-se a suspeitar se eles de fato foram assassinados, e por fim apresentam como se na verdade tivesse sido o contrário. Penso, portanto, que se deve estar especialmente atento para essas coisas.[17]
// Além disso, é bastante característico para esse tipo de pensamento – e isso é ao mesmo tempo um complemento ao concretismo – o formalismo. Em especial um formalismo de tipo jurídico. Por exemplo, a afirmação de que os acordos de Munique foram também assinados voluntariamente pelas potências ocidentais, e que por consequência estariam ainda vigentes legalmente, com todas as reivindicações que derivam daí, como a reivindicação à Província dos Sudetos[18] e o que for.

Então, como eu já disse, creio – não, ainda não falei disso. Isso é uma coisa, não sei se isso vale também para a Áustria, para a Alemanha ela é certamente válida. Eu suporia que aqui ela é também grave: isso que eu gostaria de chamar de truque do oficial ou do funcionário, isto é, o fato de que esses grupos, por

---

17 Esse mesmo "truque" é mencionado por Adorno também em uma palestra de 1962 intitulada "Sobre o combate ao antissemitismo hoje", que se aproxima em alguns aspectos dessa palestra de 1966 (Adorno, Theodor W., Zur Bekämpfung des Antisemitismus heute, em *Vermischte Schriften I*, Frankfurt am Main: Suhrkamp, 2016, p.360-83). (N. T.)

18 *Sudetenland*, província que foi restituída à Tchecoslováquia ao fim da Segunda Guerra Mundial. A reivindicação seria, portanto, a retomada desse território como parte da Alemanha. (N. T.)

meio de sua nomenclatura, se portam como se eles tivessem a cobertura e o apoio de alguma posição oficial. Por exemplo, a revista de extrema direita mais difundida, que é feita para estudantes, chama-se *Studenten-Anzeiger*, que parece, para os ingênuos, como se ela fosse editada por alguma organização estudantil e como se tivesse a estudantada por trás dela, enquanto ela // é, na realidade, algo puramente propagandístico. Igualmente, a palavra "alemão" é monopolizada. Tudo que se possa imaginar é chamado de alemão, enquanto os partidos que se opõem, uma vez que residem na Alemanha e ali funcionam, são igualmente tão alemães como aqueles que monopolizam a palavra.

Eu gostaria de falar ainda sobre um truque, porque ele de modo algum é só um truque, mas porque é algo com que nos defrontamos repetidamente de forma bastante séria. A saber, é o truque "mas é preciso ter uma ideia". Isso é uma coisa que se encontra entre pessoas relativamente inofensivas e somente limitadas, que dizem assim: "Ora, o que será dessa juventude? Essa juventude não tem nenhuma ideia, e eles, ao menos, dão a ela uma ideia". Bom, eu lhes falei anteriormente do idealismo vulgar. Creio que isso é realmente o protótipo do que chamei de idealismo vulgar. De fato, o conceito de ideia é aqui pragmaticamente deslocado para o seu contrário. Isto é, a ideia não deve existir porque ela é verdadeira, graças a seu teor objetivo, mas somente por uma razão pragmática, // por não se poder viver sem ideia, porque deve ser bom ter uma ideia. O que é o conteúdo da ideia, isso é indiferente. Mas quando alguém só bate na mesa e diz: "nós temos uma ideia", então isso já é o substituto efetivo para uma tal ideia. Ou seja, eu diria que, nesse ponto em que ocorre o apelo a "mas é preciso ter uma ideia", deve-se estar especialmente atento.

No que concerne ao nacionalismo, ele não surge na propaganda em geral de maneira vaga, e se concentra com grande habilidade em pontos sensíveis. Por exemplo, na afirmação de que os alemães são discriminados mundo afora. O que se pode responder de modo simples é que o surpreendente é antes, na verdade, o quão pouco de rancor sobrou no mundo, o quão rápido o horror foi esquecido. Ou então falam do desprezo pelos símbolos nacionais, algo que é imediatamente traduzido em ataques de fúria e ações violentas. A autonomização do símbolo em relação àquilo que ele se refere é também um desses // pontos sensíveis que precisariam ser cuidadosamente analisados. O motivo para isso consiste, provavelmente, no fato de que nos símbolos, em seu teor de expressão, ressoam ainda outras coisas que não somente o nacional, o que eles supostamente representam. E quando esses símbolos não são "respeitados" suficientemente, o inconsciente reage a outras ameaças diferentes daquelas insinuadas pela propaganda. A tendência, por exemplo, de taxar de "traidores da pátria" aqueles que querem reconhecer a Linha Oder-Neiße[19] também é parecida. Já houve coisas assim também na época da República de Weimar, quando falavam dos "políticos cumpridores" [*Erfüllungspolitiker*].[20] Esse é o complexo da *punitiveness*, que poderia ser mais bem traduzido como a "alegria da punição", isto é, alegria de ver outros sendo punidos.

Recentemente, na Alemanha, uma grande instituição de comunicação pública teve uma reunião com alguns líderes do

---

19 Trata-se da disputa em torno do reconhecimento da fronteira entre a Alemanha e a Polônia. (N. T.)

20 O termo, utilizado pela direita, se referia pejorativamente a políticos que estariam traindo os interesses nacionais e cumprindo ordens políticas estrangeiras. (N. T.)

NPD para descobrir o que eles teriam na verdade de propostas concretas. E a única coisa que veio de proposta concreta, e isso diz bastante, é que a pena de morte para os assassinos de taxistas deveria ser reintroduzida. Isto parece muito // ridículo e insignificante, mas mostra o papel que o sadismo disfarçado por ideias legais ainda desempenha nesses assuntos.

Vou me poupar de analisar em pormenor outros desses truques característicos da situação atual. Por exemplo, a frase: "O que é permitido a todo Estado de negros, não é também permitido a nós?" – em que se deveria perguntar, "o que, na verdade"? Ou a tese sobre a venda da economia alemã para o capital estrangeiro, com uma simultânea falta de capital na indústria alemã. Ou a tese da estrangeirização devido aos trabalhadores convidados [*Gastarbeiter*] – em que a carência de força de trabalho, mesmo com o desemprego crescente, é ainda tão grande em uma série de profissões, a saber, as de trabalho manual mais simples, que continua a existir a necessidade por trabalhadores estrangeiros [*Fremdarbeiter*] (prefiro dizer "trabalhadores estrangeiros" do que "trabalhadores convidados", pois julgo "trabalhadores convidados" uma expressão ideológica).[21] E há ainda, é claro, todo o complexo "arte degenerada", "limpeza", "tela limpa"[22] e tudo o mais que tenha a ver com essas coisas.

Então há aqui também o complexo "basta de confissão de culpa", que de todo modo // nunca foi na verdade realmente

---

21 *Gastarbeiter* era um termo que designava estrangeiros que iam trabalhar na Alemanha por um tempo determinado. (N. T.)

22 A "Ação Tela Limpa" (*Aktion Saubere Leinwand*) foi uma iniciativa nos anos 1960 que tentou instaurar medidas de controle e censura na mídia e no cinema. (N. T.)

exigida. E ainda a fala de que o nacional-socialismo teria sido inicialmente saudável e depois se "degenerou". Em geral, a doutrina do cerne saudável. E então a tese da compensação da culpa. E, por fim, a polêmica contra os julgamentos dos crimes nazistas, em que Fritz Bauer[23] fez uma vez a observação muito correta de que as mesmas pessoas que fazem pressão pela reintrodução da pena de morte exigem impunidade para os assassinos de Auschwitz, algo que deve ser assinalado nesse contexto. Embora eu não negue que há aqui uma contradição bastante séria, uma contradição que me fez quebrar um pouco a cabeça teoricamente.

Agora, sobre a questão da resistência, permitam-me dizer ainda só mais algumas poucas palavras. Penso que a tática do *hush-hush*, ou seja, a tática de calar sobre essas coisas, nunca deu certo, e hoje certamente esse desenvolvimento foi longe demais para que se possa sair impune. Eu já lhes disse que não se deve moralizar, mas apelar aos interesses reais. Volto a dizê-lo. Talvez eu possa lembrar também de um resultado de pesquisa nos Estados Unidos, // de nossa *Authoritarian Personality*, na qual se mostrou que também as personalidades preconceituosas, que portanto eram completamente autoritárias, repressivas, reacionárias no que concerne à política e à economia, reagem de modo totalmente diferente no momento em que se tratava de seus próprios interesses transparentes, transparentes para si mesmos. Isto é, eles eram, por exemplo, inimigos mortais do governo

---

23 Fritz Bauer (1903-1968) foi um jurista alemão de origem judaica, autor de diversas obras. Enquanto procurador-geral (*Generalstaatsanwalt*), teve um papel central tanto na captura de Adolph Eichmann na Argentina quanto nos Processos de Auschwitz de 1963. (N. T.)

Roosevelt, mas, no caso das instituições que os beneficiaram de forma imediata, como a regulação dos aluguéis ou o barateamento dos medicamentos, o antirrooseveltianismo deles terminava imediatamente e aí eles se portavam de um modo relativamente racional. Essa cisão na consciência das pessoas me parece ser um dos pontos de partida mais promissores para uma oposição no sentido em que falei.

Um outro momento é a virada para dentro. Isto é, na resistência, tenta-se tomar consciência de que todo esse complexo da personalidade fixada na autoridade e da ideologia de extrema direita na verdade não tem sua substância nos inimigos designados, muito menos naqueles que são atacados, mas trata-se de momentos projetivos, ou seja, // os verdadeiros sujeitos de um estudo, aqueles que devem ser compreendidos e transformados, são os radicais de direita, e não aqueles contra os quais eles mobilizaram seu ódio. Ora, senhoras e senhores, não sou tão ingênuo a ponto de acreditar que com essa virada para dentro seria possível alcançar imediatamente muita coisa no que concerne às pessoas em questão, mas não posso entrar agora nos pormenores do porquê. É da essência dessa síndrome que esse caráter fixado na autoridade seja difícil de ser abordado, que eles não permitam que nada se aproxime deles. Apesar disso – e peço que me perdoem se volto a falar de *Authoritarian Personality* – ficou demonstrado que, simplesmente ao fazer das personalidades que se comportam dessa forma e não de outra um problema sociopsicológico, refletindo sobre elas, sobre o nexo de sua ideologia e sua característica psicológica e psicossocial, ao tornar isso um problema, dissolve-se assim uma certa ingenuidade do clima social e ocorre uma certa desintoxicação.

54 E eu // poderia pensar que também no espaço germanófono, em diversos países em que se fala o alemão, isso promete também alguma perspectiva.

Por fim, devem-se apreender os truques de que falei, deve-se dar a eles nomes bastante drásticos, descrevê-los com precisão, descrever suas implicações e, de certa forma, tentar assim vacinar as massas contra esses truques, pois, por fim, ninguém quer ser um idiota, ou, como se diz em Viena, ninguém quer ser o "pateta" ["*Wurzen*"]. E o fato de que tudo isto deriva de uma gigantesca técnica de enganação [*Wurztechnik*] psicológica, de uma grande trapaça psicológica, isso deve ser completamente mostrado.

Bom, minhas senhoras e meus senhores, eu repito que estou consciente de que o radicalismo de direita não é um problema psicológico e ideológico, mas um problema muitíssimo real e político. Mas aquilo que é objetivamente falso, não verdadeiro de sua própria substância, o força a operar com meios ideológicos, isto é, nesse caso, com meios propagandísticos. E por isso, além da luta política e dos meios puramente políticos, ele **55** deve ser enfrentado no seu próprio terreno. // Mas não se trata de colocar mentira contra mentira, de tentar ser tão esperto quanto eles, mas de realmente contrapor-se a eles com uma força decisiva da razão, com a verdade realmente não ideológica.

Talvez alguns entre os senhores me perguntarão ou me perguntariam o que penso sobre o futuro do radicalismo de direita. Penso que essa pergunta é falsa, pois ela é demasiado contemplativa. Nessa forma de pensar, que vê de antemão essas coisas como catástrofes naturais, sobre as quais se fazem previsões assim como sobre furacões ou sobre desastres meteorológicos, há já uma espécie de resignação na qual as pessoas desligam-se enquanto sujeitos políticos, há aí uma má relação de espectador com a realidade. Como essas coisas vão evoluir e a responsabilidade sobre como elas vão evoluir – isso depende, em última instância, de nós. Agradeço pela atenção.

Nota editorial

Theodor W. Adorno proferiu a conferência sobre "Aspectos do novo radicalismo de direita" no dia 6 de abril de 1967, a convite da União dos Estudantes Socialistas da Áustria, no *Neuen Institutsgebäude* da Universidade de Viena. Adorno baseou-se em sete páginas de notas e palavras-chave escritas à mão, que foram preservadas em seu espólio. Para essa edição foi utilizada a gravação de áudio, que se encontra também na Österreichische Mediathek. O texto é uma pré-impressão do volume *Theodor W. Adorno, Vorträge 1949-1968* [Theodor W. Adorno, Conferências 1949-1968], organizado por Michael Schwarz na Suhrkamp Verlag e que será publicado como parte dos *Nachgelassene Schriften* [Escritos do espólio] editados pelo Theodor W. Adorno Archiv.

Posfácio à edição alemã

Volker Weiß

Os comentários de Theodor W. Adorno sobre aspectos do novo radicalismo de direita de 1967 estão entre as intervenções públicas do filósofo. Enquanto uma conferência na Universidade de Viena estritamente oral, da qual até agora só existia uma gravação de áudio, ela permaneceu quase desconhecida. Mais de meio século depois, no entanto, impressiona ainda a validade de uma análise que, em algumas passagens, pode ser lida como um comentário aos desenvolvimentos atuais. Como se sabe da história da edição de outras de suas palestras, Adorno era ambivalente a respeito de gravações e transcrições. A seus olhos, a reprodução da palavra falada livremente apagava a diferença fundamental em relação à escrita. Tais reproduções estavam para ele entre os "modos de comportamento do mundo administrado, que fixam mesmo a palavra efêmera que tem sua verdade na própria transitoriedade, para dela proteger os que falam".[1] Em oposição à forma de apre-

---

[1] Adorno, Zur Bekämpfung des Antisemitismus heute, *Das Argument*, v.6, n.29, p.88-104, 1964, aqui p.88. Também em *Gesammelte Schriften* [GS], v.20: *Vermischte Schriften*, p.360-83, aqui p.360.

sentação efêmera do discurso oral, o conteúdo da palestra, no entanto, de modo algum possui um caráter fugaz e justifica a publicação do que foi então falado.

O discurso de Viena pode ser lido como uma continuação da palestra "O que significa: elaboração do passado" de 1959.[2] Com toda sua atualidade, ele se insere, portanto, na obra de Adorno. Os comentários proferidos de forma conscientemente solta serviram para explicar a um público austríaco a ascensão na Alemanha Ocidental do Nationaldemokratische Partei Deutschlands [Partido Nacional-Democrático da Alemanha], o NPD, que, enquanto movimento do campo da direita, recebeu apoio significativo. Até 1968, ele chegou a entrar em sete parlamentos estaduais. Ainda não era possível prever no momento da conferência a apertada derrota do NPD dois anos mais tarde, nas eleições para o Parlamento em 1969. Devido ao objeto concreto, as observações fundamentais sobre as condições históricas e sociais são feitas de modo rápido. Adorno dispende mais atenção às disposições sociopsicológicas dos alemães e aos efeitos da agitação fascista.

Em 1967, era obrigatório para Adorno evocar a experiência do nacional-socialismo como referência. A reimpressão de seu discurso hoje acrescenta às duas estações das observações de então uma terceira. A seu ponto de fuga histórico, o nacional-socialismo, e ao contexto imediato do discurso, os anos 1960, acrescenta-se agora um presente no qual uma extrema direita se desenvolve de forma renovada como uma força polí-

---

2 Idem, Was bedeutet: Aufarbeitung der Vergangenheit, em *Erziehung zur Mündigkeit: Vorträge und Gespräche mit Hellmut Becker 1959-1969*, p.10-29. Também em *GS*, v.10: *Kulturkritik und Gesellschaft*, p.555-72.

tica influente. Isso confere atualidade às palavras de Adorno. No entanto, uma transposição esquemática não é possível, o próprio Adorno enfatiza em sua palestra as diferenças em relação ao período de Weimar. Analogias com o nacional-socialismo já se sustentavam também somente de modo limitado. O mesmo vale para a comparação do presente, no ano de 2019, com a época de cinquenta anos atrás. Uma leitura do discurso exige, portanto, por meio do contexto, uma distinção entre o que é fundamental e o que é condicionado. A atualidade clarividente deve ser colocada em relação com o cerne temporal histórico de sua verdade.

No discurso, ambos os níveis encontram-se misturados, pois Adorno falou em Viena não somente enquanto crítico analítico das circunstâncias, mas também enquanto testemunha de época. Ele havia visto o quão voluntariamente as elites burguesas apoiaram o nacional-socialismo, já no dia 3 de abril de 1933, quando a Universidade de Frankfurt rompeu o vínculo com o Instituto de Pesquisa Social (Institut für Sozialforschung – IFS). Max Horkheimer foi imediatamente demitido junto com outros "racialmente" ou ideologicamente indesejáveis. Rolf Wiggershaus descreve os acontecimentos, ninguém se colocou ao lado "dos colegas afastados e perseguidos".[3] Após a guerra, com o retorno do IFS ao Velho Mundo, as circunstâncias alemãs se reaproximaram daquelas às quais a palestra se dedica.

Essa decisão de transferir o instituto de volta para Frankfurt não era de modo algum evidente. A Europa, como havia

---

3 Wiggershaus, *Die Frankfurter Schule: Geschichte, theoretische Entwicklung, politische Bedeutung*, p.149.

mostrado o resultado da guerra, era o passado. Os que trabalhavam no IFS sabiam que o futuro da sociedade ocidental e, portanto, do objeto de suas análises iria ser, a partir de então, decidido nos Estados Unidos. O modelo norte-americano de capitalismo e democracia forçou o desenvolvimento da produção de mercadorias em série, do consumo de massa e da indústria cultural, ou seja, daqueles campos que eram centrais para a teoria da sociedade dos frankfurtianos. Aqui se desenhava o que futuramente iria moldar a Europa. Adorno avaliou isso como a manifestação de uma tendência histórica.[4] Essa interpretação viu um desenvolvimento histórico, mas sem realizar uma equiparação dos modelos. A diferença estava não apenas, mas sobretudo na *shoah*, que era mais um produto do nacional-socialismo que do fordismo.

No entanto, o IFS nunca perdeu de vista a Alemanha e o nacional-socialismo. Uma série de conferências sobre os "Efeitos do nacional-socialismo" na Columbia University na primavera de 1945 testemunhava a situação contraditória. Por um lado, as palestras provaram a intensidade com que o instituto continuou a lidar com a Alemanha e a Europa. Por outro, elas "deixavam claro que os problemas decisivos da Alemanha e da Europa poderiam ser estudados melhor nos EUA".[5] De modo consequente, o instituto havia baseado seu grande projeto de pesquisa sobre o preconceito, o *Studies in Prejudice*, em dados empíricos

---

[4] Na ocasião da capitulação alemã, Adorno havia escrito a Horkheimer que a guerra, "tal como no sentido da tendência histórica geral, foi ganha pela indústria, contra as forças armadas". Carta de 9 de maio de 1945, em Adorno; Horkheimer, *Briefwechsel 1927-1969*, v.III: *1945-1949*, p.100-3, aqui p.101.

[5] Wiggershaus, op. cit., p.428.

dos EUA. No entanto, em 1949, Max Horkheimer, Theodor W. Adorno e Friedrich Pollock, o círculo interno do instituto, tomaram a decisão de retornar. O passo tomado foi motivado também pela esperança paradoxal de que na sociedade alemã, menos desenvolvida, teriam permanecidos vivos rudimentos de uma época anterior à socialização total, restos de ideais de formação e de subjetividade burguesa, em suma, de cultura europeia, que haviam desaparecido na frenética América do Norte.

O contexto externo para um novo começo em Frankfurt não foi simples. Em 1948, Horkheimer relatou como ele foi cumprimentado de forma "doce, dissimulada e falsamente honrosa" pelos dirigentes da universidade nas conversas de sondagem: "Eles ainda não sabem se devem ver em mim um viajante da América relativamente influente ou um irmão de suas vítimas, cujo pensamento é a memória. Eles devem decidir-se pelo segundo".[6] Mas, logo após a guerra, como nos EUA, também na Alemanha Ocidental o rumo político das autoridades da ocupação havia mudado do antifascismo para o anticomunismo. A nova linha baseava-se na garantia da lealdade da Alemanha Ocidental no conflito Leste-Oeste que se iniciava. Isso reforçava o eco do nacional-socialismo na sociedade, ao qual o trabalho do instituto se dedicava.

O experimento de grupo iniciado em 1950, no qual deveria ser sondada, seguindo o modelo dos *Studies*, a relação dos jovens alemães com a ditadura e a ocupação nazistas, com a culpa, e com a democracia, foi complementado com novos métodos

---

6 Carta de Max Horkheimer a Maidon Horkheimer de 26 maio1948, em Horkheimer, *Gesammelte Schriften*, v.17: *Briefwechsel 1941-1948*, p.975-8, aqui p.976.

empíricos de acordo com o modelo norte-americano. O resultado descrevia um fenômeno a respeito da opinião pública até hoje conhecido: uma "opinião não pública [...], cujo conteúdo pode desviar-se consideravelmente da verdadeira opinião pública e cujas frases circulam ao lado das frases da opinião pública tal como as unidades monetárias de uma segunda moeda".[7] Isso mostrava que a convenção da purificação civilizatória democrática mal conseguia conter a latência do fascismo. Diante de uma fraqueza da instância superior e de estímulos correspondentes, voltou a aparecer um modelo que lembra os processos que conhecemos da psicanálise. As pesquisas provaram rápido que o fascismo não depende de nenhum partido para sua sobrevivência e que um tal partido pode se formar antes recorrendo aos ressentimentos "não públicos" herdados.

Essas não eram notícias bem-vindas. Diante dos resultados dos experimentos de grupo, os opositores do instituto recorreram a "um procedimento antigo e até hoje popular: banalizar os perigos da direita e retratar o próprio desmascarador como um moralista totalitário e idealista".[8] Hoje, por outro lado, o trabalho pioneiro do IFS é tão incontestável quanto seu significado para as investigações contemporâneas: "As discussões (sérias) sobre populismo de direita voltam-se para questões que somente podem ser colocadas com o instrumentário conceitual provido pelos estudos do instituto sobre o preconceito", a saber: qual "ganho psicológico" é retirado a partir de

---

7 *Gruppenexperiment*. Ein Studienbericht, bearbeitet von Friedrich Pollock, mit einem Geleitwort von Franz Böhm, Frankfurt/M. 1955 (= Frankfurter Beiträge zur Soziologie, v.2), p.XI. Trecho de: Adorno, Aspekte des neuen Rechtsradikalismus, iBooks.
8 Wiggershaus, op. cit., p.532.

Aspectos do novo radicalismo de direita

depreciações, por que "o próprio medo (real ou fingido) serve como legitimação" para ressentimentos como "antissemitismo, racismo e sexismo", e como "nacionalismo, capitalismo e racismo relacionam-se entre si".[9] Há décadas o IFS e também o próprio Adorno haviam se dedicado a tais complexos. Tendo isso em vista, seu anúncio em Viena de que ele iria apenas complementar alguns pensamentos era uma subestimação notável.

No momento de sua palestra, Adorno dispunha, portanto, da experiência da emigração e de pesquisa assim como do cotidiano em um país no qual o radicalismo de direita duas décadas antes havia sido razão de Estado. O pensamento central de sua palestra é uma variação da sua advertência dada em 1959 e até hoje bastante citada de que "a sobrevida do nacional-socialismo *na* democracia" é "mais ameaçadora que a sobrevida de tendências fascistas *contra* a democracia". Agora eram precisamente essas tendências que apareciam no cenário político. Se oito anos antes ele explicitamente não quis "entrar na questão das organizações neonazistas", agora "tornou-se necessário dar atenção a esse fenômeno".[10]

Em "Aspectos do novo radicalismo de direita", Adorno fala, como havia feito antes, do *nacionalismo "pático"*, tematiza os *truques* da propaganda, assim como os traços da ofensa narcísica na sociedade através da derrota.[11] Também são retomados os apelos aos interesses racionais e à *força decisiva da razão*. Devido

---

9 Grimm, Zur Aktualität Kritischer Theorie, *Zeitschrift für Politische Theorie*, v.8, n.1, p.113-21, 2017, aqui p.116.
10 Adorno, Was bedeutet: Aufarbeitung der Vergangenheit", p.10ss. (*GS*, v.10, p.555ss.).
11 Os conceitos, expressões e passagens citados a seguir em itálico referem-se a citações diretas da palestra de Adorno neste volume.

aos conceitos adotados, não é difícil reconhecer as "pranchas" daquela "plataforma" fascista, que ele e Max Horkheimer haviam esboçado na *Dialética do esclarecimento*.[12] A repetida referência à estrutura da *personalidade fixada na autoridade* vem do estudo parcial de mesmo nome da pesquisa do instituto sobre preconceito. No geral, a palestra evoca toda uma série de motivos conhecidos da pesquisa do instituto, que via já a passagem da democracia de Weimar para o nacional-socialismo "não como uma ruptura, mas como uma evolução quase lógica".[13] A contradição estrutural entre participação democrática e a *tendência de concentração do capital*, que na época estava no centro da análise, também não foi dissolvida após 1945. *Os movimentos fascistas*, segundo Adorno, *poderiam ser caracterizados como as feridas, as cicatrizes de uma democracia que até hoje ainda não faz justiça a seu próprio conceito.*

Apesar de todas as reservas em relação à comparação histórica, os exemplos de Adorno testemunham a longevidade de campos de conflito particulares. Continuidades regionais no comportamento eleitoral aparecem para ele como um *fantasma de um fantasma*, e ainda hoje essa assombração atormenta diversos lugares. O fracasso das forças menos radicais do NPD nos anos 1960 lembra Adorno do papel dos "nacionalistas alemães"[14] na ascensão do NSDAP, e, segundo esse modelo, as tentativas de segurar as rédeas fracassam até hoje. As observações sobre o *ca-*

---

12 Horkheimer; Adorno, *Dialektik der Aufklärung*, p.210.
13 Dubiel; Söllner, Die Nationalsozialismusforschung des Instituts für Sozialforschung – ihre wissenschaftliche Stellung und gegenwärtige Bedeutung, em Dubiel; Söllner (orgs.), *Horkheimer, Pollock, Neumann, Kirchheimer, Gurland, Marcuse: Wirtschaft, Recht und Staat im Nationalsozialismus. Analysen des Instituts für Sozialforschung 1939-1942*, p.7-31, aqui p.9.
14 "*Deutschnationalen*": ver nota de rodapé 5 no texto de Adorno.

ráter antagonista do nacionalismo, sobre a sua aparição como *tentativa de autoafirmação em meio à integração* podem ser lidas como uma descrição dos movimentos de saída da União Europeia. Ainda é válida e central para a formação do ressentimento a questão sobre "quanto controle acredita-se ter sobre a própria vida".[15] Adorno reconheceu o significado desses sentimentos décadas atrás, antes da revolta dos assim chamados "cidadãos furiosos" [*Wutbürger*][16] – um desdobramento que refuta a crença de que, com a introdução do mercado interno europeu, seria banido de uma vez por todas um nacionalismo construído sobre o medo do rebaixamento. O apelo à soberania pode tornar-se uma das principais bandeiras dos opositores à União Europeia de direita, embora essa soberania já na época tivesse *algo de fictício* nos complexos sistemas de coordenadas da modernidade.

Na análise do nexo entre economia, sociedade e estrutura do sujeito, a teoria crítica move-se no terreno que é originariamente seu. A observação de Adorno sobre o *desemprego tecnológico* enquanto consequência da automatização pode, portanto, permanecer lapidar, no entanto, ela retoma uma longa discussão sobre a relação entre constituição do sujeito e desenvolvimento técnico no capitalismo. Herbert Marcuse havia observado o declínio do sujeito burguês a puro portador da eficiência e desempenho já em 1941 em algumas notas "sobre as consequências sociais da tecnologia moderna", tendo explicitamente em vista o caráter "tecnocrático" do nacional-socialismo.[17]

---

15 Jensen, *Zornpolitik*, p.38.
16 Termo cunhado pelo jornalismo alemão e que começou a circular a partir de 2010. (N. T.)
17 Marcuse, Einige gesellschaftliche Folgen moderner Technologie, em Dubiel; Söllner (orgs.), op. cit., p.337-67, aqui p.341.

Dois anos antes, em 1939, Max Horkheimer havia descrito como "a indústria bastante desenvolvida tecnicamente" mina o princípio do liberalismo, uma vez que, por meio de seu desenvolvimento, "a venda da força de trabalho torna-se impossível para grande parte da população".[18] A tendência de crise está colocada estruturalmente e gera até no cerne da burguesia o *sentimento de catástrofe social* enquanto *distorção da teoria marxiana do colapso*. Essa sensibilidade transformou algo nos sujeitos, pois eles agora esperam pelo estado de exceção, quando não o desejam. Adorno vê a crise econômica contemporânea, portanto, *antecipada* na crise política que havia acabado de se anunciar com a ascensão do NPD. Por fim, no lugar do desejo de transformação, há a fuga na entusiástica retórica do tempo do fim. *Sabes o que Wotan quer? O fim.*

O saber de que se pode ser mais, mas não se é, ainda leva as pessoas a atos de narcisismo coletivo. Stefan Breuer resume esse fenômeno, que desempenha um papel já na conferência de Adorno sobre a "elaboração do passado": "Na medida em que os indivíduos transformam o sujeito coletivo da nação ou o líder em um ideal e o dotam com qualidades fantásticas, eles realizam algo daquele grande eu arcaico, cuja realização na existência do indivíduo lhes é negada; ao mesmo tempo, eles se liberam, por meio de projeção, de suas próprias agressões ligadas ao ideal do eu, com a consequência inevitável de que o mundo se povoa com objetos perigosos e vingativos, contra o qual o sujeito, por sua vez, tem de se defender: o avesso das

---

18 Horkheimer, Die Juden und Europa, em Dubiel; Söllner (orgs.), op. cit., p.33-53, aqui p.34.

gratificações, que o 'narcisismo socializado' produz, é a mania de perseguição".[19]

O modelo permanece eficaz. A experiência da intercambialidade enquanto força de trabalho pode levar ao fantasma *völkisch* de uma "grande troca" de grupos étnicos.[20] Em busca de ajuda, os angustiados voltam-se para um soberano imaginário. Um Estado nacional que age de modo autoritário não é mais percebido por eles como uma ameaça, mas desejado como proteção e encarnação do "próprio" – um processo que Horkheimer já havia observado nos anos 1930, o de que, no capitalismo tardio, "os povos se transformam primeiro em recebedores de apoio, e depois em obedientes".[21] Em vez de afundarem em um mundo abstratamente administrado, eles preferem escolher a autoridade vivida de forma imediata.

Que valor têm essas análises para o presente? Em primeiro lugar, deve-se atentar às diferenças. A advertência de Adorno sobre uma reconexão simples do radicalismo de direita aos movimentos de conjuntura da economia deve ser levada a sério. Os efeitos da recessão de 1966-1967 como pano de fundo imediato dos desenvolvimentos descritos não podem ser comparados com as consequências da crise econômica mundial de 1929 nem com as atuais crises financeiras e cambiais. Também o ceticismo contra uma superestimação das ações e

---

19 Breuer, Adornos Anthropologie, *Leviathan*, v.12, n.3, p.336-53, 1984, aqui p.346ss.
20 Cf. Camus, *Der große Austausch*. O discurso sobre a "grande troca" é uma das principais frases de propaganda das novas direitas. O manifesto publicado pelo autor do crime do massacre de Christchurch em 2019 tinha igualmente o título "A grande troca".
21 Horkheimer, Die Juden und Europa..., p.37.

manobras dos velhos nacional-socialistas comprova-se como correto. De fato, ocorreu no final dos anos 1960 uma mudança de geração que marca a passagem de uma velha direita para uma nova. Fundamental para isso foi uma adaptação essencial realizada pela extrema direita após 1945, a eliminação daquilo que, como Adorno diz, é *abertamente antidemocrático*. Em seu lugar entrou uma nova autorrepresentação, cuja descrição de Adorno também caracteriza o populismo de direita de hoje: *evocam sempre a verdadeira democracia e acusam os outros de antidemocráticos*. A pressão à conformidade descrita por Adorno é hoje fortemente absorvida pela indústria cultural. À sombra do fetiche da mercadoria, são oferecidas diversas possibilidades de conformidade individualizada, que impacta nas lideranças da direita atual. Seu carisma oferece pouco mais que uma caricatura do passado. Também as linhas de frente políticas não são comparáveis facilmente. Na discussão sobre o jihadismo global, um elemento-chave de agitação do populismo de direita, há diferenças em relação ao antissemitismo não somente no que concerne a projeção pática. O islamismo político é ator real e deve ser visto como produto de uma humilhação coletiva narcísica. Em sua disposição de abordar futuramente também esse campo, a teoria crítica pode comprovar sua capacidade de "reagir às ameaças atuais e concretas".[22]

O Instituto de Pesquisa Social investigou como o fascismo podia se desenvolver junto com o fordismo. Hoje coloca-se a questão sobre o que geram, na época seguinte, os restos da subjetividade burguesa. A digitalização intensificou a *automatização* mencionada por Adorno. O deslocamento de trabalho

---

22 Grimm, op. cit., p.120.

humano para áreas precárias produz humilhações também na era *high tech*. Com razão, Didier Eribon questiona, diante da decadência da esquerda política, quem de fato "leva em conta" o fato de que os supérfluos, os empregados precários e os remanescentes do proletariado industrial "existem, que eles vivem, que eles pensam e querem algo"?[23]

Esses aspectos marcam uma grande lacuna no debate sobre a revolta autoritária atual, que justamente não é marcada só pelo racismo. Antes, entram em jogo ressentimentos que se estendem, por exemplo, a socialistas e liberais. Os ameaçados pela desclassificação social com frequência deslocam a culpa pela miséria *não ao aparato que a causa, mas àqueles que se opuseram criticamente em relação ao sistema no qual outrora eles possuíam* status.

Aqueles que propõem outros modelos tornam-se objeto especial da fúria, como mostra a atual fixação da extrema direita com uma esquerda há décadas impotente. O bicho-papão de uma "Alemanha meia-oitista contaminada pela esquerda e pelos verdes"[24] quase ditatorial mostra que as imagens tradicionais do inimigo podem espalhar seu terror mesmo sob condições sociais completamente alteradas. Diante da perda de tais categorias, a União Europeia é classificada como "EUSSR", a República Federal Alemã como "DDR 2.0" e toda a paisagem política, até mesmo o conservadorismo democrático, é tida como "de esquerda". O comunismo, que já em 1967 era mais *imago* que conceito e, portanto, *descolado de todo conhecimento do assunto*, continua a servir para a conjuração.

---

23 Eribon, *Rückkehr nach Reims*, p.39.
24 Jörg Meuthen na convenção do partido da AfD de Stuttgart em 2016.

O entrelaçamento entre anti-intelectualismo, antimarxismo e antissemitismo, a *bête noire* de Adorno e conhecido desde o capítulo da *Dialética do esclarecimento* sobre o antissemitismo, continua a marcar o discurso. Ele torna-se hoje novamente virulento na figura do assim chamado marxismo cultural. Esse termo, tomado de empréstimo da extrema direita norte-americana como *cultural marxism*, assumiu nesse meio-tempo o legado da propaganda nazista sobre o "bolchevismo cultural". Ele está espalhado por todo o mundo e constrói uma teoria da conspiração, cujo centro é, curiosamente, a própria teoria crítica.[25]

Ataques verbais eloquentes também são direcionados à elaboração, inspirada em Adorno, do passado nacional-socialista. Uma liderança política do AfD, tremendo de tanto *páthos*, anunciou introduzir o fim de uma "política estúpida de elabo-

---

25 Cf. Weidel, Die Angst der Kulturmarxisten vor der Aufklärung und der AfD, em *Junge Freiheit online*, 23 jan. 2018, disponível em: <https://jungefreiheit.de/debatte/kommentar/2018/die-angst-der-kulturmarxisten-vor-der-aufklaerung-und-der-afd/>, último acesso em: 30 mar. 2019. O conceito de "marxismo cultural" também é central no manifesto "2083" do norueguês Anders Breivik, que cometeu um assassinato em massa em 2011. Sua concepção de mundo era inspirada pelo blogueiro norueguês Fjordman, cujos textos propagam igualmente uma luta contra o "marxismo cultural". Depois do massacre de Breivik, eles foram traduzidos para o alemão: Fjordman, *Europa verteidigen: Zehn Texte* [Defender a Europa: dez textos], organizado por Martin Lichtmesz e Manfred Kleine-Hartlage, Schnellroda, 2011. Robert Bowers, que é acusado de ter em 2018 assassinado onze pessoas na sinagoga de Pittsburgh, colocava-se igualmente em uma luta contra o *cultural marxism*. Cf. Moyn, The Alt-Right's Favorite Meme is 100 Years Old, *New York Times online*, disponível em: <https://www.nytimes.com/2018/11/13/opinion/cultural-marxism-anti-semitism.html>, último acesso em: 16 abr. 2019.

ração do passado"²⁶ e exigiu "um giro de 180 graus na política de memória".²⁷ O NPD já conhecia essa retórica, que Adorno resume como o *complexo de "basta de confissão de culpa"*. O apego ao passado, no qual os populistas de direita alemães do presente não se distinguem dos outros partidos de direita das décadas passadas, confirma como Adorno já havia compreendido com exatidão os motivos daqueles que exigem uma superação do "culto da culpa".²⁸ A ofensa apresentada pelo conhecimento dos crimes da própria nação volta-se contra aqueles que evocam a memória, assim como contra o próprio lembrar. Já em 1959, ele havia reconhecido que "no esquecimento do que mal acabou de acontecer" ressoa a "fúria" de que, "como todos sabem, antes de convencer os outros, é preciso convencer a si próprio".²⁹ Em sua observação desses afetos, Adorno fala como aquele "irmão" das vítimas que retornou, que os diretores de Frankfurt já temiam na figura de Horkheimer.

Assim como na época de Adorno, *a menção a Auschwitz* ainda hoje pode *levar pessoas a se inflamarem*, assim como considerações

---

26 No original, *Bewältigungspolitik*: referência a todas as políticas de memória e de reparação no pós-guerra. (N. T.)
27 Björn Höcke em seu discurso no dia 17 jan. 2017 no Ballhaus Watzke em Dresden.
28 "Cem anos após o nascimento da imagem do 'alemão feio' a partir do espírito da propaganda de guerra britânica, já deveria ser a hora de aos poucos acabarmos com o culto da culpa e neuroses nacionais. O lado desagradável do 'alemão típico' hoje é o orgulho da culpa, que tem o prazer de se colocar na berlinda, enquanto outros já há tempos observam de modo diferenciado." (Paulwitz, Der Selbsthaß blüht, *Junge Freiheit*, p.13, 23 maio 2014.
29 Adorno, Was bedeutet: Aufarbeitung der Vergangenheit..., p.14 (*GS*, v.10, p.558).

éticas gerais ou *apelos à humanidade*, de que são testemunhas o chavão sobre o "bonzinho" ou os gritos de "afoguem!" nas manifestações do Pegida[30] em 2018, dirigidos aos voluntários que realizavam salvamentos no mar. Uma escalada mostra, no entanto, que agora os agitadores de direita rotineiramente se alinham com as vítimas.[31] Muitos desses afetos parecem inadequados à época, mas é justamente o anacronismo que captura. Se as promessas de um presente próspero se provam enganosas, se a perda de *status* ameaça, a identidade torna-se fetiche e retorna o que se acreditava superado. Como afirma Adorno, *convicções e ideologias, justamente quando elas, na verdade, não são mais de fato substanciais devido à situação objetiva, então assumem seu caráter demoníaco, seu caráter verdadeiramente destrutivo*. O imenso poder de atração da agitação misógina e homofóbica em tempos de igualdade de direitos ou o renascimento do fundamentalismo religioso em meio a um presente secular mostra hoje o quão enganoso é sentir-se civilizatoriamente em segurança à luz do que foi alcançado. Eribon se surpreende com a energia que "certos grupos da população – *gays*, lésbicas, pessoas trans ou também judeus, negros etc. – continuam a carregar o fardo da condenação cultural".[32] Recorrendo à *Dialética do esclarecimento*,

---

30 *Pegida* é abreviação para Patriotische Europäer gegen die Islamisierung des Abendlandes (Patriotas europeus contra a islamização do Ocidente). As manifestações de extrema direita contra as políticas de asilo, organizadas pelo Pegida, começaram em Dresden, em 2014, e depois se espalharam por outras cidades alemãs. (N. T.)

31 "As pessoas que vivem na Alemanha se acostumaram igualmente a lidar com o antigermanismo, assim como os judeus tiveram que aprender a conviver com o antissemitismo" (Sieferle, *Finis Germania*, p.77).

32 Eribon, op. cit., p.212.

não lhes é concedido o direito puramente abstrato da emancipação daqueles que só podem interpretar felicidade como expressão de poder concreto.[33]

É absolutamente válida a afirmação de Adorno de que, *nos movimentos de extrema direita, a propaganda constitui a substância da política*. Aqui ele se vincula diretamente ao *Prophets of Deceit* [Profetas da farsa] de Leo Löwenthal, cuja análise da agitação fascista nos EUA, que era também um estudo parcial do grande projeto do IFS sobre o preconceito, ressalta o quão fundamental é, para a propaganda, a evocação de um estado de exceção.[34] Já as descobertas de Löwenthal aniquilavam a esperança de que a extrema direita iria se moderar assim que ela tivesse se habituado a determinadas regras discursivas ou se integrado politicamente. O estímulo sistemático da personalidade autoritária é descrito por Löwenthal como uma psicanálise posta "de ponta-cabeça". Vale para a técnica da agitação o mesmo que para a "cultura de massas" em geral: "Torna-se a pessoa neurótica e psicótica, e por fim dependente de seu assim chamado líder".[35]

Adorno já havia apresentado os resultados de Löwenthal em um simpósio do psicanalista Ernst Simmel em 1944.[36] Ele sa-

---

33 Horkheimer; Adorno, *Dialektik der Aufklärung*, p.181.
34 Löwenthal, *Falsche Propheten. Studien zur faschistischen Agitation*, em *Schriften 3*, p.11-159.
35 Idem, "Mitmachen wollte ich nie". Gespräch mit Helmut Dubiel, em *Schriften 4*, p.271-98, aqui p.294.
36 Adorno, Antisemitismus und faschistische Propaganda, em Simmel (org.), *Antisemitismus*, org. por Elisabeth Dahmer-Kloss, com um posfácio de Helmut Dahmer, p.148-61. Ali, diz Adorno: "Dado que toda ênfase dessa propaganda é promover os meios, ela mesma se torna o conteúdo último". [Na edição brasileira: Antissemitismo e propaganda fascista, em *Ensaios sobre psicologia social e psicanálise*, p.140.]

bia que as destruições políticas produzidas pelos demagogos de direita não eram deslizes que podiam ser contidos, mas um cálculo. Para ele, não restavam dúvidas de que "a propaganda fascista é conscientemente planejada e organizada com sua lógica deturpada e suas distorções fantasiosas". Ela não segue "nenhuma lógica discursiva", mas é "um tipo de fluxo organizado de ideias", que mobiliza afetos.[37] Isso torna sem sentido chamar o agitador à razão. O posterior lamento de Adorno, segundo o qual é preciso realmente estar já dominado pelo espírito do formalismo para não ver o que eles querem dizer, pode ser aplicado sem dificuldade às discussões de hoje.

O efeito da agitação é garantido pelo enquadramento da indústria cultural, ao qual ela mesma corresponde até no detalhe. Na era da internet, aparece com ainda mais evidência a combinação, constatada por Adorno, de uma *extraordinária perfeição dos meios* com uma completa *abstrusidade dos fins*. Muita atenção tem sido dada às suas formas de manifestação enquanto *bots*, *trolls* e *fake news*. Sob essa superfície, torna-se visível exatamente a *constelação de meios racionais e fins irracionais*, que para Adorno constitui, para além de tais excessos, *uma tendência geral civilizatória*. É ainda válida a ideia de que, sem uma reflexão sobre os mecanismos das informações e da cultura produzidas em massa, a resistência contra a propaganda permanece um esforço em vão, uma vez que a propaganda só pode funcionar nesse quadro. Diante dessa estrutura, o silêncio discreto ou a banalização, a tática do *hush-hush*, não ajudam em nada.

Isso lembra a objeção de Löwenthal feita contra as considerações de Walter Benjamin sobre a cultura de massa, segundo

---

37 Ibidem, p.153. [ed. bras., p.143.]

a qual o otimismo de Benjamin, de que "a difusão de obras de arte, tornada possível por meio das possibilidades de reprodução mecânica e eletrônica, também pode ter um sentido politicamente bom". As considerações benjaminianas já na época contradiziam as "experiências políticas" dos colaboradores do instituto.[38] Hoje a revolução digital não só elevou a cultura de massas a um novo patamar, como também forneceu ao Estado e à economia outros instrumentos para expandir a administração total. Assim como seus predecessores históricos, a extrema direita contemporânea é capaz de combinar virtuosamente propaganda e técnica. O uso bem-sucedido dessa combinação nas últimas eleições presidenciais nos EUA serve como modelo para os movimentos de direita na Europa, que desde então se americanizaram completamente no estilo e nos conteúdos. A perspectiva transatlântica do Instituto de Pesquisa Social continua válida.

Após quase três décadas de comunicação digital, é possível afirmar que a esperança por um impulso à democracia tecnologicamente mediado não se realizará enquanto o enquadramento da indústria cultural do *kitsch* e do espetáculo dominar. O problema se coloca mesmo para as atividades contra a extrema direita emergente quando nelas os mesmos modelos são aplicados. A simples defesa do *status quo* falhará enquanto estratégia de defesa se não for reconhecido que o renascimento da direita é, por sua vez, um resultado justamente desse *status quo*. Esse nexo já era transparente para Adorno – e também para Löwenthal – há mais de meio século.

Não há, portanto, motivo para uma historicização da teoria crítica. Atualmente, o medo de contato do centro com a ala

---

38 Löwenthal, "Mitmachen wollte ich nie"..., p.284.

da direita diminui e setores da burguesia se movem de volta em direção à constelação que ela havia abandonado nas décadas liberais do pós-guerra. Novamente, eles aplaudem quando o agitador fascista exige "que a fissura se torne mais profunda, que a linguagem se torne ainda mais clara, mais concreta".[39] A síntese entre elite educada e democracia liberal, que determinou a paisagem intelectual da Alemanha Ocidental desde os anos 1960, não é um dado da natureza. Ela também pode acabar. Também em nossos dias, o *fantasma*, ao qual a palestra de Adorno é dedicada, permanece longe de ser liberado. Novamente ele vaga por aí transformado em *um novo radicalismo de direita*. Torna-se ainda mais importante tomar novamente consciência da estrutura da agitação fascista e dos fundamentos sociopsicológicos de seu sucesso. Para isso, os trabalhos de Adorno e do Instituto de Pesquisa Social são imprescindíveis.

Referências bibliográficas

ADORNO, Theodor W. Antisemitismus und faschistische Propaganda. In: SIMMEL, Ernst (org.). *Antisemitismus*. Posfácio Helmut Dahmer. Frankfurt am Main: Fischer, 1993. [ed. bras.: Antissemitismo e propaganda fascista. In: *Ensaios sobre psicologia social e psicanálise*. São Paulo: Editora Unesp, 2015.]

---

39 Götz Kubitschek, em uma discussão entre Durs Grünbein e Uwe Tellkamp em 8 de março de 2018, no Kulturpalast em Dresden. A circunstância em que Uwe Tellkamp publica no *Sezession*, o periódico de Kubitschek, mostra o quão permeáveis as fronteiras se tornaram: Tellkamp, Der Moralismus der Vielen. Offener Brief, *Sezession*, n.87, p.27-31, 2018. Publicação *on-line* em 13 nov. 2018, disponível em: <https://sezession.de/59871/der-moralismus-der-vielen-ein-offener-brief-von-uwe-tellkamp>, último acesso em: 26 abr. 2019.

ADORNO, Theodor W. Aspekte des neuen Rechtsradikalismus. iBooks.
_____. Was bedeutet: Aufarbeitung der Vergangenheit. In: *Erziehung zur Mündigkeit. Vorträge und Gespräche mit Hellmut Becker 1959-1969*. Org. Ernst Kadelbach. Frankfurt an Main: Suhrkamp, 1970.
_____. Zur Bekämpfung des Antisemitismus heute. *Das Argument*, v.6, n.29, p.88-104, 1964.
_____. Zur Bekämpfung des Antisemitismus heute. In: *Gesammelte Schriften* [GS]. Org. Rolf Tiedemann. v.20: *Vermischte Schriften*. Frankfurt am Main: Suhrkamp, 2003.
_____. Zur Bekämpfung des Antisemitismus heute. In: *Vermischte Schriften I*. Frankfurt am Main: Suhrkamp, 2016.
_____; HORKHEIMER, Max. *Briefwechsel 1927-1969*. Org. Christoph Gödde; Henri Lonitz. v.III: 1945-1949. Frankfurt am Main: Suhrkamp, 2005.
BREUER, Stefan. Adorno's Anthropologie. *Leviathan*, v.12, n.3, p.336-53, 1984.
CAMUS, Renaud. *Der große Austausch*. Alemanha: Antaios, 2016.
DUBIEL, Helmut; SÖLLNER, Alfons. Die Nationalsozialismusforschung des Instituts für Sozialforschung – ihre wissenschaftliche Stellung und gegenwärtige Bedeutung. In: _____ (orgs.). *Horkheimer, Pollock, Neumann, Kirchheimer, Gurland, Marcuse*: Wirtschaft, Recht und Staat im Nationalsozialismus. Analysen des Instituts für Sozialforschung 1939-1942. Frankfurt am Main: Frankfurt Europäische Verlagsanstalt, 1981.
ERIBON, Didier. *Rückkehr nach Reims*. Berlin: Suhrkamp, 2016.
FJORDMAN (blogueiro norueguês). *Europa verteidigen*: Zehn Texte. Org. Martin Lichtmesz; Manfred Kleine-Hartlage. Schnellroda: Antaios, 2011.
GRIMM, Marc. Zur Aktualität Kritischer Theorie. *Zeitschrift für Politische Theorie*, v.8, n.1, p.113-21, 2017.
HORKHEIMER, Max. *Gesammelte Schriften*. Org. Alfred Schmidt; Gunzelin Schmid Noerr. v.17: *Briefwechsel 1941-1948*. Frankfurt am Main: Suhrkamp, 1996.

HORKHEIMER, Max. Die Juden und Europa. In: DUBIEL, Helmut; SÖLLNER, Alfons (orgs.). *Horkheimer, Pollock, Neumann, Kirchheimer, Gurland, Marcuse*: Wirtschaft, Recht und Staat im Nationalsozialismus. Analysen des Instituts für Sozialforschung 1939-1942. Frankfurt am Main: Frankfurt Europäische Verlagsanstalt, 1981.

_____; ADORNO, Theodor W. *Dialektik der Aufklärung*: Philosophische Fragmente [1944/1947]. Frankfurt am Main: Suhrkamp, 1993. [ed. bras.: *Dialética do esclarecimento*. Rio de Janeiro: Jorge Zahar Editor, 1986.]

JENSEN, Uffa. *Zornpolitik*. Berlim: Suhrkamp, 2017.

LÖWENTHAL, Leo. Falsche Propheten: Studien zur faschistischen Agitation. In: *Schriften 3*. Frankfurt am Main: Suhrkamp, 1990.

_____. "Mitmachen wollte ich nie". Gespräch mit Helmut Dubiel. In: *Schriften 4*. Frankfurt am Main: Suhrkamp, 1990.

MARCUSE, Herbert. Einige gesellschaftliche Folgen moderner Technologie. In: DUBIEL, Helmut; SÖLLNER, Alfons (orgs.). *Horkheimer, Pollock, Neumann, Kirchheimer, Gurland, Marcuse*: Wirtschaft, Recht und Staat im Nationalsozialismus. Analysen des Instituts für Sozialforschung 1939-1942. Frankfurt am Main: Frankfurt Europäische Verlagsanstalt, 1981.

MOYN, Samuel. The Alt-Right's Favorite Meme is 100 Years Old. *New York Times online*.

PAULWITZ, Michael. Der Selbsthaß blüht. *Junge Freiheit*, p.13, 23 maio 2014.

SIEFERLE, Rolf Peter. *Finis Germania*. Schnellroda: Antaios, 2017.

TELLKAMP, Uwe. Der Moralismus der Vielen. Offener Brief. *Sezession*, n.87, p.27-31, 13 nov. 2018. Disponível em: <https://sezession.de/59871/der-moralismus-der-vielen-ein-offener-brief-von-uwe-tellkamp>. Último acesso em: 26 abr. 2019.

TIEDEMANN, von Rolf (org.). *Gesammelte Schriften* [*GS*]. Frankfurt am Main: Suhrkamp, 1997.

WEIDEL, Alice. Die Angst der Kulturmarxisten vor der Aufklärung und der AfD. *Junge Freiheit online*. 23 jan. 2018. Disponível em: <https://jungefreiheit.de/debatte/kommentar/2018/die-angst-

der-kulturmarxisten-vor-der-aufklaerung-und-der-afd/>. Último acesso em: 30 mar. 2019.

WIGGERSHAUS, Rolf. *Die Frankfurter Schule*: Geschichte, theoretische Entwicklung, politische Bedeutung. Munique: Deutscher Taschenbuch, 1997.

SOBRE O LIVRO

Formato: 14 x 21 cm
Mancha: 23 x 44 paicas
Tipologia: Venetian 301 12,5/16
Papel: Off-white 80 g/m² (miolo)
Cartão Supremo 250g/m² (capa)
1ª edição Editora Unesp: 2020

EQUIPE DE REALIZAÇÃO

Edição de texto
Tulio Kawata (Copidesque)
Carmen T. S. Costa (Revisão)

Capa
Vicente Pimenta

Editoração eletrônica
Eduardo Seiji Seki (Diagramação)

Assistência editorial
Alberto Bononi

Impressão e acabamento:
impress
gráfica e editora